区域金融创新综合评价、空间差异及影响机制

孙 平 蒋天颖 张 超 著

中国财经出版传媒集团
中国财政经济出版社

图书在版编目（CIP）数据

区域金融创新综合评价、空间差异及影响机制 / 孙平，蒋天颖，张超著. -- 北京：中国财政经济出版社，2020.8

ISBN 978-7-5095-9862-7

Ⅰ.①区… Ⅱ.①孙… ②蒋… ③张… Ⅲ.①区域金融-研究-中国 Ⅳ.①F832.7

中国版本图书馆 CIP 数据核字（2020）第 099908 号

责任编辑：彭　波　　　　责任印制：史大鹏
封面设计：卜建辰　　　　责任校对：李　丽

中国财政经济出版社 出版

URL：http：//www.cfeph.cn

E-mail：cfeph@cfemg.cn

社址：北京市海淀区阜成路甲 28 号　邮政编码：100142

营销中心电话：010-88191537

北京财经印刷厂印装　各地新华书店经销

710×1000 毫米　16 开　14.75 印张　200 000 字

2020 年 8 月第 1 版　2020 年 8 月北京第 1 次印刷

定价：68.00 元

ISBN 978-7-5095-9862-7

（图书出现印装问题，本社负责调换）

本社质量投诉电话：010-88190744

打击盗版举报热线：010-88191661　QQ：2242791300

本书是教育部人文社会科学研究青年基金项目：区域金融创新综合评价、省际差异及影响机制研究（19YJC790116）研究成果

前　言

党的十九大报告指出，中国特色社会主义进入新时代，我国社会主要矛盾已经转化为人民日益增长的美好生活需要和不平衡不充分的发展之间的矛盾。金融是现代经济的核心，解决“不平衡不充分”问题，必须深化金融体制改革，增强金融服务实体经济的能力，提高直接融资比重，促进多层次资本市场的健康发展。尽管改革开放以来我国金融业改革发展、金融改革开放、金融服务普惠、金融监管得到加强和改进，但是我国金融业的市场结构、创新服务能力还不能很好适应经济高质量发展的要求。因而必须把服务实体经济作为完善金融服务、防范金融风险的出发点和落脚点，着力解决资金“脱实向虚”或在金融体系内空转，以及小微企业和民营企业融资难、融资贵等突出问题，更好地满足实体经济多样化条件下的金融需求。

2019 年 2 月，习近平总书记在中共中央政治局第十三次集体学习时强调“深化金融供给侧结构性改革，增强金融服务实体经济能力”，这赋予了金融创新新的使命，“金融活，经济活；金融稳，经济稳”，金融创新任重而道远。

在区域经济发展的进程中，金融作为重要的推动力，直接反映经济的区域性特点。近年来，区域金融的相关问题已成为金融学术界研究的热点领域。区域金融创新结合区域金融理论和金融创新理论，是金融在一定区域内的实践创新，属于“中观”视角范畴。在一个区域内，金融创新作为一种生产要素，更能实现对其他资源和要素的优化配置。金融创新能力对于该区域的金融发展具有重要的助推作用。我国不同的地区呈现出不同的经济特点，金融创新推动金融发展也体现出区域特色。我国地域广阔，地区之间差异明显，学术界对于区域金融创新的研究也具有明显的“中国特色”。

金融创新作为推动区域经济转型跨越的命脉之一，越来越多地被国家及地方各级政府所重视。然而，我国区域金融创新处于何种水平？各个省域间存在怎样差异？它又受到哪些因素影响？目前理论界并没有很多研究，这些问题是本项目的出发点。基于以上现实，本书立足于探究区域金融创新的评价体系、省际差异以及影响机制，分析区域金融创新空间差异的形成特征及其影响机制，提出区域金融创新有序发展和合理空间布局的政策建议，这对于提升我国区域金融的整体竞争力，实现区域金融持续健康增长具有重要的理论价值和现实意义。

本书的研究实现了以下几个研究目标：第一，构建了科学合理的区域金融创新综合指标体系。对区域金融创新水平进行测度，在此基础上，系统分析了我国区域金融创新时间序列演化、空间格局动态变化及发展模式。第二，探索了省际间区域金融创新的时空演化特征。在金融创新时空演变特征分析的基础上，引入新经济地理学框架，对各省域金融创新的差异进行定量分析，并以长三角区域及浙江省为例，进一步分析了市域、县域空间差异的特征。第三，揭示了区域金融创新空间差异的影响机制。利用空间计量模型分析了我国区域金融创新的影响理论，并探讨影响区域金融创新形成的内在原因。第四，提出了优化区域金融创新空间布局的政策建议。

本书共分为七个章节。第一章主要介绍了本书理论基础，主要梳理了区域金融、区域创新、金融集聚和金融创新等四个方面的相关理论。第二章主要通过设计区域金融创新评价指标和进行相关的实证测度，从金融市场创新、金融机构创新、金融产品创新、金融技术创新、金融监管创新等五个方面构建了区域金融创新综合评价体系。第三章主要分析了区域金融创新省际差异特征。研究发现，2012～2017 年我国区域金融创新泰尔指数呈“降—升—降”变化趋势，我国区域金融创新的区域非均衡特征明显，且总体差异呈逐年缩小态势。我国区域金融创新区域内差异在 2012～2015 年始终大于区域间差异，说明该时间段我国东、西、中部三大地带间的区域金融创新差距小于各地区内省份之间的差距，从 2016 年开始，这种局面有所改善，我国区域金融创新的区域间差异大于区域内差异，说明东、中、西部内各个省份之间的差距逐渐缩小，区域金融创新差距更多地体现在东部与中西部之间。第四章主要通过构建我国区域创新省际差异影响的空间杜宾模型，从经济发展水平、政府干预、对外开放、金融地理环境、信息化水平、知识密集型程度等六个方面分析了区域金融创新水平省际差异的影响机理，并进行了实证。第五章主要通过前面构建的指标体系，分析了长三角区域金融创新差异空间特征、影响机制和经济增长效应。第六章以浙江省为例，进一步探讨了县域金融创新空间差异的特征、机理及对策。第七章主要介绍了提升我国区域金融创新水平的政策建议。主要建议为扩大对外开放、优化金融环境、提升金融服务、完善金融机构、创新金融治理、加强风险防控、集聚创新人才等七个方面提出了相关政策建议。

本书是教育部人文社科研究青年基金项目（19YJC790116）的研究成果，全书由孙平负责出版策划、组织和统撰工作。参加课题研究的成员有孙平、蒋天颖、张超。感谢宁波财经学院的领导、同事对出版本书的支持和帮助。同时，感谢宁波财经学院国际商务硕士培育点和宁波财经学院应用经济学重点学科的出版资助。

尽管参加本书撰写的学者都对自己撰写的内容进行了认真思考和深入研究，但是，由于目前我国区域金融创新空间特征的相关研究还处于起步阶段，面临众多新问题，再加上编写时间仓促，难免存在不足之处，敬请各位读者批评指正。

作者

2020年5月

目　录

第一章　理论基础

一、区域金融

（一）区域金融内涵及空间特征

纵观世界经济的繁荣发展，金融在其中起到了重要的推动作用。有关金融发展的研究，主要分为微观金融、宏观金融以及区域金融三个领域。然而学术界长期以来都更加注重宏观、微观金融领域的研究，却忽视了对中观金融领域问题的研究。尽管目前研究区域经济理论体系已经形成，但仍主要偏重于地区经济相关问题的探索，有关资金融通、金融空间运行状况涉及较少，区域金融问题并未受到应有的关注。在市场经济的发展过程中，区域经济与区域金融相互作用、相互影响。随着市场经济进一步发展和完善，金融市场在经济发展中的作用日益凸显。

1. 区域金融的概念界定

厘清区域金融概念之前，有必要明晰“区域”的内涵。有关“区域”的定义，除了具有地理学的概念外，同时还包括经济区域、文化区域、行政区域的内涵。“区域”的特征主要体现在两个方面，且呈现出一定的界限：第一，“同质性”，即区域内部呈现较为显著的连续性及相似性；第二，“相关性”，即区域的经济社会发展变化会影响到周边和相关的地区。区域金融研究具有明显的中国特色，中国的领土广阔，不同区域的发展具有明显的梯度性差异，其不仅表现在地理位置、自然资源、环境气候的差异上，还表现在基础设施、文化氛围、政策实施等方面的差异上。

关于区域金融的内涵，主要关注区域金融差异和空间分布。张军洲（1995）认为区域金融是指一个国家或地区金融结构与运行在空间上的分布状况，在外延上表现为具有不同形态、不同层次和金融活动相对集中的若干金融区域，需要从空间差异、金融结构差异、吸收和辐射功能差异、环境差异四个层面掌握区域金融的内涵。他认为，金融运行具有区域性的特点主要归因于金融资源的需求和供给在空间分布上表现出不平衡的特点，他提出不同区域的融资体制要体现相关区域的特色，不应使各地区金融发展整齐划一。此后，众多学者在张军洲的基础上进行了扩展，认为区域金融是指一个国家不同经济地区，以不同的经济结构为基础，形成的相互联系但又差异明显的金融结构和金融发展状况，其主要包括不同经济区域间的金融资源在空间上的配置状况和分布状态。区域金融的实质是将金融这一核心概念置于区域经济的大环境中研究，只有通过分析不同的经济区域，才能更清晰地了解金融的内涵。

2. 区域经济与区域金融互动机制

金融发展与经济增长的互动关系在区域空间的表现一直以来都是区域金融理论研究的核心问题。首先，经济的发展水平决定金融的运行。一个地区经济发展对金融运行的决定作用表现在以下两个方面：第一，区域本身的经济发展要求决定金融运行，金融扮演着一个重要的配角，起到辅助经济增长的作用。而经济发展的初步阶段，政府对金融体系改革起到决定作用。第二，区域经济发展模式决定金融机构的运行模式及其业务选择。一般而言，区域经济的发展可以引起金融资产结构的变化，引导金融机构进行改革，为适应区域经济发展的金融产品、金融机构、金融服务也会不断进行创新。其次，金融发展促进经济增长。金融机构体系内各种形式的持续创新和不断完善是经济发展的条件和动力，金融领域的创新对经济进行持续的渗透，从而产生引导经济增长的过程以及经济发展的方式。金融体系以资金聚合的方式带动资本形成，刺激区域内的投资及储蓄，表现为金融促进经济增长。如今正是市场经济迅速发展的时期，区域金融同区域经济的关系更为重要，虽然学术界“帕特里克之谜”仍然十分困扰研究的学者，但金融支持经济发展获得了学术界的广泛认同。经济与金融相互因果关系也有相关的实证支持。

3. 区域金融与金融地理学

目前，除重点分析区域金融与区域经济的互动关系外，学者主要通过区域金融因素本身来阐释金融业地域发展的规律，却忽视了区域的特性，如区域内特有文化、制度等因素对区域金融的影响。金融地理学以金融学、经济地理学、区域经济学、演化经济学等理论思想为基础研究包括区域金融中心的选址和发展、金融排除等理论问题。其研究视角是涵盖丰富个性的“金融地理观”和“复杂系统观”，并以此研究金融运动的地域分布。其中“地理”一词不仅属于自然地理的范围，其主要指包含社会、人文意义较为广义的地理含义。金融地理注重经济因素的同时，更加强调区域文化、信用、地缘等因素对特定区域金融的发展的作用。基于金融地理的广泛含义，金融地理学视角下区域金融发展研究的主要内容有：（1）主张金融具有社会根植性，即金融的行为活动根植于或生存于区域特有的文化、制度等社会历史环境中，区域金融发展表现出“地域依赖”的效应；（2）以经济中非标准化信息现象来解释空间距离等地理要素作用于货币资金交易方式、金融资本运行效率的效果；（3）强调区域金融地理因素“自组织”的演化机制。尽管学术界尚未系统性地定义金融地理学，但其基于具有丰富社会人文内涵的金融地理及其作用研究区域金融的内容，拓宽了研究视角，为我国不同区域各具特点的区域金融发展研究，丰富了研究思路和内容。

（二）区域金融实证探索

区域金融作为中观层面的经济问题，一直未受到经济学家的重视，直到 20 世纪 50 年代，国外学者慢慢开始关注区域金融的相关问题。Scott（1955）创造性地提出货币政策的区域理论，在此基础上，Bowsher（1957）系统研究了美国各区域间资金流的状况。进入 20 世纪 60 年代，越来越多的国外学者开始大量研究区域金融问题。他们基于宏观货币经济学，研究主要集中于货币政策的区域效应、区域货币乘数、区域金融市场及区域金融发展同经济增长之间的关系。

货币政策的区域效应方面的研究。Fishkind（1977）运用印第安纳州短期出口基地模型进行了分析，通过分析美国紧缩性货币政策以及宽松性货币政策对印第安纳州的影响得出结论：若美联储实施紧缩性货币政策，则印第安纳州经济的增长速度会缓于美国整体经济的增长；反之，其经济增长步伐可以追赶上美国的总体水平。Miller（1978）提出运用短期两区域模型验证货币政策对经济的影响渠道。该模型研究了区域货币政策的供给机制，并以此为基础，使用比较静态分析法，分析并总结了公开市场操作的区域效应。研究结果显示：公开市场操作这项货币政策措施进入区域层面后，货币政策的区域效应则会即刻显现。其主要影响因素包括区域内的价格水平、区域货币乘数、区域相对于总货币冲击的规模等。

区域货币乘数方面的研究。Dow（1982）在区域环境中引入货币乘数模型，发现各地区间资本的流动和相互贸易决定了区域的货币基础。他还在模型中引入行为参数，对不同发展程度的地区货币乘数值进行比较分析，得出结论：发达地区由于较低的进口倾向以及较低的流动性偏好，其货币增加的效应更为显著。

区域金融市场同利率差异的研究。Keleher（1979）试图使用有效市场假说来解释一国的金融市场利率与区域内金融市场利率间的关系，他建立了区域利率决定模型，得出结论：在本质上，各个区域的金融市场是相同的，但是由于金融成本、金融风险等要素的差别导致了各个区域之间利率存在某种程度上的差异。Cebula 和 Zaharoff（1974）尝试检验利率差异在何种程度上影响金融资产的流动状况。他们通过实证分析，发现金融资产的流动对利率差异并不敏感。

区域金融的发展同经济增长之间的关系则是区域金融领域的研究重点，有关这方面的研究成果颇丰，大量研究都证明了一个国家或地区的金融发展对经济增长起到了明显的促进作用。例如，Luigi Cuiso，Paola Sapienza 和 Luigi Zingales（2002）通过对意大利各个地区的研究，得出金融发展水平对区域经济增长具有重要的促进作用。

国内学者从 20 世纪 90 年代才开始研究区域金融问题，

通过国内学者的大量研究，学术界对区域金融相关领域的内容有了较为全面、系统的认识。

张军洲（1995）作为我国第一位系统研究区域金融问题的学者，对区域金融的内涵进行了定义：以现代市场经济为基础，区域金融理论的研究对象是在空间范围内的金融运动变化的规律。其研究内容主要涉及金融发展在空间结构的变化、金融资源优化配置与有效组合、现代金融增长点、区域金融与经济协调发展关系等。他还指出，空间范围的异同，空间结构差异、金融发展的程度，金融吸收能、金融辐射程度的差异，以及金融环境的不同，这些要素构成了区域金融的内涵。

区域金融同经济发展的关系方面。张军洲（1995）提出了区域金融的背景框架，系统地分析了以下几个方面的内容：区域金融的运行轨迹、区域内金融资产的流动情况、融资制度的制定以及金融发展与经济增长的关系。唐旭（1995）从区域金融与经济发展的关系角度，分析了一个地区资金流动的途径、趋势、原因和效果，得出结论：某个地区资金流量大说明该地区的经济增长的潜力较大。周好文（2004）通过格兰杰因果检验、协整关系检验分析了我国中西部地区金融中介发展同经济增长的关系，实证结果表明两者之间存在因果关系，但由于各地区经济发展的差异性，他们总结得出：东部地区应发展高质量的金融中介机构，西部地区则应不断增加金融中介机构的数量。

区域金融与货币方面。张企元（2006）分析了市场、金融总量调控和结构调控对区域差距的影响，提出采取结构性的区域金融调控手段，对于拉近区域金融发展差距，促进区域协调发展具有积极的作用。

区域金融效率问题方面。潘文卿（2003）使用我国23年间28个省区市的面板数据，分析了区域金融资源配置的效率问题，得出结论：我国各地资金配置效率总体呈持续上升的态势，而东、中、西部呈现出阶梯逐渐减弱的局势。陆远权、张德刚（2012）认为金融作为资源配置的重要手段，应该着重研究其效率，并重点对区域金融的差异进行了研究。其中对区域金融效率水平的测量，他们使用包络分析法，对我国1995~2009年的各地区金融效率水平进行测定，并从区域层面分析了我国区域金融效率水平的差异。并得出结论，我国从2002年之后，区域金融效率有所提高，其区域间的差异也呈现收敛趋势。

区域金融差异方面。张杰（1994）分析了区域金融差异在市场力量作用下的自然演进，认为伴随市场开放所带来的资源自由流动，具有初始优势的地区在循环累积因素的作用下会通过“回波”效应自我强化，达到一定饱和界限后又会在“涓流”效应的作用下向外围扩散，使区域金融差异出现先增加再缩小的倒“U”形变动轨迹；王修华（2010）从金融地理学的视角分析了金融集聚和扩散的过程，结论是金融空间结构的演进同样具有先趋异后趋同的倒“U”形长期变动趋势。“草帽”形路径即拓展的倒“U”形，李敬等（2008）认为这一路径特征的出现是影响区域金融发展各因素的类倒“U”形特征在区域金融发展路径上的映射，考虑到此前直接政策干预期的低差异状态及区域金融差异最终在效率差异水平的收敛状况，完整的区域金融差异时间路径表现为“草帽”形。“波浪”形路径从演化经济学的视角提出，田霖（2006）认为，社会金融系统的非平衡和差异性可以实现金融活动的自组织，金融内生成长规律保持着区域金融差距的合理张力，区域金融平衡与非平衡的自我调节机制即表现为区域金融成长差距的“波浪”态势。

（三）区域金融空间关联性

学术界常常将区域间金融空间联系的探索归结为金融地理学的研究范畴（Harvey，1973），20 世纪 70 年代，金融领域开始受到西方地理学者的广泛关注（Harvey，1973），政治经济学方法较早地被应用于金融地理学研究（Scott，2000），直到 90 年代后期，多种学科的有机融合使金融地理注重定量与定性结合（李振发等，2018），分析经济、社会、文化和政治等多种综合因素对金融的影响，研究主要涉及金融中心及金融主体的空间演化机理及其与区域发展的互动效应（Clark，2002；Colombo，2014；Jääskeläinen，2014），金融危机和金融全球化研究（Martin，2011），还有不同尺度金融化过程的探索（Clark，2010；Wójcik，2010；Haberly，2015）。

国内关于金融地理方面的研究也颇为丰富，主要聚焦于以下三个方面：第一，金融中心研究方面。陶锋等（2017）基于中国制造业企业微观数据和城市金融发展数据，区分金融中心和地方金融检验了金融地理结构对企业生产率增长的影响，研究发现，地方金融发展对当地企业的生产率增长具有促进作用，区域金融中心建设对所在城市及其周边邻近城市企业的生产率增长具有积极影响；孙国茂等（2013）认为金融中心的功能差异是由其形成模式和条件决定的，中国金融中心实现路径是强化政府引导下的自然形成模式，政府的作用是制度设计和制度供给，政府既要推动金融中心建设，也要制止“金融中心热”演变成新一轮的“开发区热”；邹小芃等（2018）以31个金融中心城市为样本，在构建文化资本评价体系并用熵值法测算出区域文化资本的基础上，就文化资本与制度环境两类因素对区域金融中心建设的影响进行了实证分析，结果表明文化资本和制度环境在区域金融中心建设上扮演着重要的角色。第二，金融集聚空间效应方面。王弓等（2016）从金融地理学角度出发，从理论上分析了金融集聚对城镇化水平的影响及其路径并使用中国2005～2013年省域数据，采用空间面板计量模型实证检验金融集聚度对城镇化水平的影响；郑耀群等（2020）实证发现金融集聚和生态效率呈现出区域差异性，表现出东部、中部、西部依次递减的特点，区域差异源于局部集聚性和集聚阴影效应，银行业对中部地区生态效率溢出效应明显，证券业对东部和中部地区生态效率的溢出效应明显，保险业对生态效率溢出效应不明显，金融密度对西部地区生态效率溢出效应明显。第三，金融机构的空间布局方面。车冰清等（2017）研究发现整体上江苏省银行网点空间偏向分布差异明显“南多北少”，空间集聚特征显著“城区密集分布和外围分散分布”，不同类型银行由于功能和市场定位的不同，除在城区密集分布的共性外，在城市外围区域的分布密度和服务范围存在较大差异；戴志敏等（2015）利用2007～2013年中国13家上市商业银行向各省投放的贷款数据，分析了大型商业银行和中小型商业银行的贷款投放地理分布特征及不良贷款的地理变化趋势，并对商业银行贷款地理投放分散程度对银行利润效率的影响进行了实证分析，研究发现大型商业银行由于受国家政策干预影响较大，贷款投放区域覆盖面更广，尤其是对中西部地区的贷款投放比例明显高于中小型商业银行，其平均利润效率一直高于中小型商业银行。

而随着信息技术的进步与变革，信息化的不断深入推动着区域之间交流活动日趋频繁且呈现多样化，直接对经济、社会和空间布局产生深远的影响，各种要素在空间上的流动促进了区域一体化的进程。

赵金丽等（2018）对中国城市群金融联系网络的演化特征及驱动机制进行了研究，发现大多城市群内部金融联系网络都取得了显著发展，其中长三角、珠三角、京津冀和辽中南城市群金融网络较为成熟，成渝城市群、长江中游城市群、哈长城市群、呼包鄂榆城市群发展为稳定的双核结构，海峡西岸城市群和山东半岛城市群则始终呈现省会城市强于门户城市的弱双核结构，其余大多中西部城市群逐渐形成单中心金融网络。林晓等（2013）对我国省域金融联系的空间格局及其变化进行了分析，结果发现全国金融外向服务功能价值量整体水平较低且发展不平衡，较高和高等级的省份数量少，并且主要集中在东部沿海地区，而中西部地区的金融外向服务价值量较弱。王培安等（2012）运用相对量分析法分析了西北地区金融流流向东部地区的现实情况，发现东西部经济差距与金融差距存在因果关系，两地经济差距引起金融要素从落后的西北地区流向了发达的东部地区，这进一步阻碍了西北地区的经济增长，并使两地区经济差距逐渐拉大。化祥雨等（2016）发现江苏省县域金融空间联系网络结构分布格局变化显著，从简单的一体化“线型”空间网络结构发育成复杂的区域化“三角型”“网络型”空间网络结构，金融势能存在显著的空间自相关性，金融势能空间集聚现象变化显著，进一步向苏南演化，呈现出区域集聚态势。杨志民等（2015）研究发现长三角城市金融“质量”空间趋势较为稳定，总体呈现东部高于西部，中部高于南、北部的倒“U”形分布；金融空间联系最大引力线联结格局较为稳定；金融空间联系网络结构格局变化显著，主要从简单的“折线型”空间结构逐渐发展成简单的、复杂的“网络型”空间结构；长三角金融城市中心等级空间分布格局稳定，其中，上海市金融中心处于核心等级。

二、区域创新

（一）区域创新内涵

国内外学者从不同视角对区域创新进行了界定。研究区域创新系统的学者认为，区域创新产生于区域创新网络的组成主体的互动。Foss（1996）认为存在于区域间的高阶创新应根植于企业内部网络、个人间的内在联系，首次将企业能力概念延伸至区域水平。与 Foss 的观点相类似，Cooke（2001）认为，特定的区域创新的形成不仅需要借助于企业与大学或研究机构的互动、小企业与大企业的互动，而且需要结合社会资本、文化等区域资源。Tura 和 Harmaakorpi（2005）在此基础上对区域创新的界定进行了拓展，指出区域创新更是一种将经济、智力和社会等资源以及应用这些资源的能力进行有效结合的能力。不少学者是从资源整合的视角定义创新。Teece 和 Dosi（1998）将创新定义为个体感知环境变化、发掘现有资源和培育竞争力以通过开展创新活动重新整合资源、塑造竞争力的能力。甄峰、黄朝永和罗守贵（2000）认为，区域创新是一种在创新过程中充分利用现代信息和通信技术，将技术、知识和信息等要素不断纳入社会生产过程的一种能力。吴海林（2003）认为，区域创新是对生产要素进行创造性集成的能力。一些学者更为关注创新的结果，强调区域创新最终要落脚于商业化。例如，Furman、Porter 和 Stern（2002）将区域创新定义为区域在长期内生产"new – to – the – world"技术流及使其商业化的能力。Riddel 和 Schwer（2003）将区域创新定义为区域内不断产生与商业相关联的创新的潜力。黄鲁成（2002）、柳卸林（2003）、李永忠和冯俊文等（2007）将区域创新定义为一个地区以技术能力为基础将知识转化为新产品、新工艺、新服务的能力。一些学者（Lawson，1999；Antonelli，1999；Romijn，2002）从区域创新的特性方面对之加以理解，强调区域创新是高度异质性的、与经济和体制环境条件相关，很难以同样的方式在其他地区复制。

总的来说，学者们在区域创新的定义上未达成一致观点，概括起来可从以下方面理解：首先，区域创新产生于区域内各组织机构间的互动，创新网络在区域创新的形成中发挥了重要作用；其次，区域创新是一种重新整合资源、利用资源的能力，这种整合不是简单的汇总；再次，区域创新应落脚于创新活动的商业化、给区域带来持久的竞争优势；最后，区域创新受外部各种环境条件的影响，具有很大的差异性，相应的也就具有特殊性和不可复制性。

（二）区域创新差异比较

由于区域创新具有异质性和不可复制性，因此对不同区域的创新能力进行比较、分析有利于理解造成差异的原因。Furman、Porter 和 Stern（2002）建立生产函数，并利用1973～1996年17个OECD国家的专利活动数据，探寻不同国家创新能力差异的来源。官建成和刘顺忠（2005）利用1985～2000年中国30个省区市的相关数据，基于各省区市的创新能力，利用K平方聚类分析法将样本省份分为3个区域，并利用泰式函数分析区域内、区域间及总体的创新能力不平衡指数。Mikel、Joost 和 Thomas（2006）构建了区域创新影响因素概念框架，使用因子分析方法确定影响区域创新的4个维度，并基于这4个维度将西班牙的17个自治区划分成5个区域，进而分析了这5个区域的创新能力差异。李习保（2009）构建随机前沿模型分析1998～2005年中国30个省区市的创新能力差异越来越大的原因。Quatraro（2009）在总结前人关于增长极理论、区域经济增长模型、扩散理论、区域创新框架的相关研究的基础上提出理论假设，采用广义最小二乘法建立逻辑方程，分析意大利西北部地区、东北部地区及中部地区的创新能力。

王晓光和方娅（2010）建立了基于产业集群的区域创新评价指标体系，运用主成分分析方法对哈大齐工业走廊所属的3个主要城市（哈尔滨、大庆、齐齐哈尔）的区域创新进行了综合评价。陈雄辉等（2010）将广东省视作一个大的创新网络，运用复杂网络理论，测算了组成这一大创新网络的21个节点城市之间的平均最短距离、度分布、群聚系数、网络组分等，比较了各市的创新能力。巴吾尔江等（2012）运用主成分分析法和聚类分析法，对中国30个省级行政单位的区域科技创新能力进行了综合排名，并比较、分析了导致差异的原因。张彦红等（2013）利用《中国区域创新报告》的相关数据，从知识创造、知识获取、企业创新、创新环境和创新绩效5个方面对比，分析了贵州、云南、广西、甘肃、新疆5个省区的创新能力。吴汉利（2014）采用多层次因子分析法和聚类分析法测算了中国西部地区（11个省市区）的自主创新能力并进行了排名。

（三）区域创新影响因素

关于区域创新影响因素得到国内外学术界认可的理论体系是Furman等建立的国家创新能力概念框架。在此理论框架中，Furman等（2002）认为国家创新能力依赖于创新基础设施、产业集群中更具体的创新环境以及两者间的联系。Riddel和Schwer（2003）结合Furman的理论框架进一步研究，发现高科技就业是影响创新能力的最重要因素，其次是学位授予量、行业研发投资和专利存量。邵云飞等（2011）对Riddel建立的公式进行了适当调整，对中国30个省区市的区域创新进行实证研究，发现地区的文化积累、高技术产业就业人员数、专利存量均是影响区域创新的重要内生因素。官建成和刘顺忠（2005）基于Furman的框架进行研究，认为增加企业创新资源投入是提高区域创新的更为有效的方法。魏守华等（2010）对Furman的分析框架进行了完善，对1998～2007年中国省级创新能力的影响因素进行研究，结果表明区域创新不仅受R&D活动规模等创新基础条件的影响，而且受区域创新效率的影响。

一些学者研究了外商投资的技术溢出对区域创新的影响。例如，陈劲等（2007）发现FDI对提高区域创新的作用是有限的。徐磊和黄凌云（2009）利用1985～2005年中国省际面板数据进行分析后发现：当一个地区的创新能力低于较低门槛时，FDI在该地区的技术溢出效应就不显著；当一个地区的创新能力处于两个门槛之间时，FDI的技术溢出效应显著；当一个地区的创新能力跨越了较高门槛后，FDI在该地区的技术溢出效应显著增强。刘和东（2013）发现，短期内FDI的技术外溢正向效果明显，而长期内FDI的技术溢出效应不显著。

将区域创新置身于更加开放的环境中，一些学者的研究进一步验证了区域间互动对区域创新的影响。例如，Greunz（2001）利用153个欧洲地区的面板数据进行实证分析后认为：当两个区域的空间距离较近时外部区域的研发支出对本区域的创新能力有较大影响，而当两个区域的空间距离较远时这种影响不明显；外部区域的技术差距对本区域的创新能力有负向影响，本区域的技术差距对本区域的创新能力有正向影响。王锐淇等（2011）力求在考虑各地区间互动的条件下找出影响区域创新的最主要因素。

在区域内组织间互动方面，Yam、Lo和Tang等（2011）以中国香港特别行政区为研究对象进行实证分析，发现区域创新的形成不仅依赖于各主体的研发能力，而且依赖于区域创新系统内各组织的交互学习。李习保（2007）通过构建计量经济模型分析创新主体间的联系，得出知识生产者与知识使用者的互动、区域创新主体间的国际联系等都对创新能力有不同程度的影响。Fromhold - Eisebith（2004）分析了德国 Aachen 地区的创新环境和社会资本对区域创新的影响及两者间的关系。李新功（2007）发现，创新环境为区域创新提供了初始的激励，而社会资本在企业建立后更能满足企业对创新的需求。

（四）区域创新的形成机理

认识到区域创新在经济生活中的重要作用，一些学者对区域创新的形成机理展开了研究。在区域创新形成的特征方面：Schumpeter 认为，不同阶段的工业扩张使创新成果被不同程度地获取，创新能力的延迟扩散使创新成果的获取大大滞后于其赖以产生的工业扩张阶段。Tura 和 Harmaakorpi（2005）指出，区域创新的形成过程具有非线性和交互性的特点。Quatraro（2009）指出区域创新随着体系内创新活动的增加而出现；相对于区域内推进型产业的扩张进程，区域创新的扩散也存在一定时滞；不同区域的创新能力存在很大差别。

在区域创新的形成机理方面：刘友金（2006）认为，集群式创新的形成过程就是分工条件下产业链与技术创新链相互耦合的演进过程；方玉梅（2010）通过研究国内外高新区发展运行的相关文献资料和实践经验，提出高新区创新能力的形成一般遵循“环境支撑—要素聚集—组织结网—能力形成”的演进路径；刘凤朝和冯婷婷（2011）建立了过程导向的国家创新能力概念框架，并从宏观角度揭示了国家创新能力形成的内在机理。

近年来，国外学者对区域创新演化的研究已发展到实证阶段。例如，Yam、Lo 和 Tang 等（2011）建立了一个区域创新系统和企业创新系统相互联系的理论框架，并采用结构方程、利用中国香港特别行政区的相关数据进行实证研究。Van Hermert、Nijkamp 和 Masurel（2013）结合区域创新体系和企业创新体系，建立了基于区域视角的创新来源与商业化来源之间相互作用以及基于企业视角的创新能力与创新表现之间相互作用的理论框架，并通过对自荷兰 243 个中小企业样本建立结构方程模型对理论框架进行实证检验，试图分析区域创新来源、创新能力以及创新表现。Castellacci 和 Naterab（2013）收集了 1980～2007 年 87 个国家的创新能力和吸收能力相应指标数据，利用面板协整分析方法探究了两个指标群内部及两个指标群之间的长期关系，并据此建立了协同进化模型。

（五）区域创新与经济发展

学者对创新与经济发展主要围绕两个层面展开研究，即创新驱动经济发展和经济发展促进创新。关于创新驱动经济发展，部分学者研究了创新与经济增长关系。Perroux（1950）在经济增长极理论中指出，创新是保持经济长期稳定增长的重要增长点；Solow（1957）通过研究不同经济发展阶段的技术贡献率发现，技术进步是促进经济增长的主要动力；Romer（1990）的内生经济增长理论明确指出，技术进步是实现经济持续增长的主要动力；Sefer 等（2011）结合技术创新策略及经济增长传导机制指出，科技创新型国家更拥有持续竞争力和增长力；杨恺钧和闵崇智（2019）建立多维指标体系，运用面板门槛模型实证检验了技术创新对经济增长质量的驱动作用，发现驱动作用呈现区域异质性，且随着门槛递进而增强。同时，部分学者研究了创新与经济发展的关系。例如，崔有祥（2013）运用综合评价方法指出，创新驱动发展战略是高质量发展的根本驱动力，并提出创新战略评价体系；裴小革（2016）从马克思主义政治经济学角度论述了创新驱动对经济发展的引领作用；辜胜组等（2018）通过分析创新驱动与核心技术突破面临的诸多难题，凸显了创新驱动与核心技术突破对实现经济高质量发展的关键作用。此外，还有学者从产业升级视角分析创新与经济发展关系。例如，王希元（2019）基于门槛模型实证分析政府支持等制度因素对创新驱动产业结构升级的作用，发现政府和市场制度均显著促进创新驱动产业结构升级；郑威和陆远权（2019）根据中国30个省区市面板数据，以空间溢出效应为视角实证分析创新对产业结构升级的驱动作用，发现创新驱动不仅有利于本地区产业升级，还通过空间溢出效应促进相邻地区产业结构升级。

关于经济发展促进创新。Hall 和 Lerner（2010）指出，金融市场能够合理分配稀缺资源，帮助公司降低因道德风险和逆向选择问题带来的外部融资成本，进而起到促进创新的作用；张玉喜等（2015）构建静态和动态面板数据模型，基于我国30个省区市面板数据进行实证分析，研究发现加大科技金融投入能极大促进科技创新；杨明海（2018）通过研究我国八大综合经济区的科技创新能力发现，经济发展水平是影响科技创新的关键因素，表现为经济发达的沿海地区科技创新能力高于经济相对落后的内陆地区；徐国祥

（2019）在省级面板数据基础上通过建立杜宾模型发现，经济发展水平越高、研发投入越多，则创新驱动能力越显著；张济建等（2019）通过分析金融状态与新能源产业的技术创新关系发现，企业科技资本投入与营业总收入呈显著正“U”形曲线关系，企业过去的融资行为有利于企业未来技术发展，而债务融资不会提升其技术水平；何风琴和邹奥博（2019）通过分析长江经济带经济发展是否促进区域科技创新及其影响程度发现，地区生产总值等因素对科研投入和产出有显著正向影响，表现为方向上不均衡、尺度上不对称；钟腾和汪昌云（2017）通过对 1997 ~ 2013 年中国上市公司的金融数据分析发现，金融发展显著提高了企业创新产出和创新质量，其中股票市场对创新促进作用更为显著。

三、金融集聚

（一）规模经济与金融地理

金融集聚既可以看作一个状态或结果，也可以看作一个过程，但只有从过程这个层面对其进行界定，才能更好地揭示其本质（黄解宇、杨再斌，2006）。目前旨在从过程的层面来解释金融集聚形成动因的理论有规模经济理论和金融地理学理论。

1. 规模经济理论

金德尔伯格（1974）最先研究了金融集聚问题，在他的著作《金融中心的形成：一个经济历史的比较研究》中就运用规模经济理论去解释金融集聚的主要动因。他认为规模经济是金融机构集聚的主要向心力，从节约周转资金余额，提供融资和投资便利的角度分析及金融集聚存在的原因。随后 Park（1989）也运用规模经济理论去解释金融中心形成动因。Davis（1990）的调查研究也发现，金融机构确实希望集聚在大城市，以获得规模经济所带来的好处。这些学者的研究均表明金融集聚之所以会存在，是为了获得由于集聚而产生的规模经济所带来的好处。规模经济的概念最先由马歇尔（1890）在他的著作《经济学原理》中提出。其中，规模经济分为内部规模经济和外部规模经济，将这些概念运用到金融领域方面，便为金融内外部规模经济。我国学者建立在前人的研究基础之上，主要运用金融外部规模经济来解释金融集聚的动因。潘英丽（2003）首先对前人的理论进行了相应的修正和完善，认为金融集聚的形成可以产生外部规模经济，主要表现在三个方面：节约周转资金余额，提供融资和投资便利；提高市场流动性，降低融资成本和投资风险；金融机构合作得以开展，辅助性产业得以共享。黄解宇和杨再斌（2006）则深化了这种理论，提出规模经济是金融机构集聚的内在动因的思想，他们从对金融产业本身的作用和对其他产业的反馈作用两个方面进行分析。一方面金融集聚使金融机构间的合作得以展开、基础设施得以共享、由于金融资产的专用性使其他金融附属产业得以发展；另一方面可以通过节约周转资金余额，提供融资和投资便利促进其他产业的发展、提高市场的流动性。梁颖（2006）、吴竞（2010）也认为规模经济是我国金融集聚主要动因。

综上所述，正是由于规模经济的存在，金融机构为了获得其所带来的好处而选择集聚在一个区域。该理论采用以果推因的倒叙手法，即以金融集聚的“结果”——规模经济——去解释其“动因”（李成等，2006）。这种手法的巧妙之处在于，它的分析存在一个“不规模经济的发挥建立在该地区具有一定的规模基础之上”的前提，否则就会陷入一种循环论证的逻辑谬误，即外部规模经济决定金融集聚，金融集聚又会产生规模经济，如此循环往复。正如 Baldwin 和 Forslid（2000）认为的，集聚经济（这里指外部规模经济）必然是以一定的规模为前提，通过微观主体的内在规模经济来实现，他们在这里将这个前提归结于内在规模经济。规模经济理论解释金融集聚形成动因的理论逻辑在于，它假定一个地区的经济和金融已经集聚成一定的规模，其所产生的外部规模经济效应通过发挥其自我加强的特点，不断地吸引金融机构进行集聚。该理论的缺陷在于它并不能解释自身的前提，因此它更加适用于解释形成一定规模以后的城市或区域的集聚动因。

2. 金融地理学理论

随着信息技术的发展，信息的交流更加便捷。金融自由化和信息科技的发展使地理空间的相对距离缩小，许多金融活动可以以低成本在跨区域之间瞬间完成。这导致有的学者认为地理空间不再重要，诸如金融中心这些金融集聚现象不会再发生。典型的有 O′Brien（1992）提出的“地理已死”的观点。然而，历史经验表明，O′Brien 所认为的“地理已死”的现象并没有发生，相反金融集聚现象更加突出，金融地理学的信息流理论提供了较好的解释。金融地理学以“将金融服务业理解为高增值的信息服务业”为逻辑起点，以信息论为理论武器，很好地解释了金融集聚的动因，该理论的主要概念有信息不对称、信息腹地、信息外部性和路径依赖。

Thrift（1994）最先利用金融地理学中的信息流理论解释了金融集聚动因，他将信息划分为标准化信息和非标准化信息，其中，标准化信息可以被完全传递，而非标准化信息在传递的过程中会损耗掉一部分，该信息存在巨大的获取成本，而它在金融企业的决策中往往扮演着重要的角色。这种非标准化信息会随着地理距离的增大而增大，因此会增加金融企业的交易成本。为了尽可能地降低这些成本，金融机构往往会选择在一个地区进行集聚，这就是金融集聚的动因。Guillain（1999）后来形象地将这两种信息称为编码信息和缄默信息，所谓的编码信息是指借助现代信息技术的传播能使任何人使用和理解的标准化信息；而缄默信息是指在编码传递过程中会损失大量的非标准化信息，只有人与人相互接触，在高度语境化和个人化中才能被完全理解的信息。Porteous（1995）、Zhao（2002）、Martin（2000）、Corbridge（1994）和 Gehrig（2000）等学者将这些概念进一步地运用于金融集聚动因的研究。他们强调信息外部性、信息不对称、信息腹地和路径依赖。其中，信息不对称被认为是金融集聚最关键的因素。Porteous（1995）认为，即使当今信息技术快速发展，由于类似于缄默信息的这种不标准化信息仍然存在，且随着物理距离的增大而增大，信息不对称所造成的金融风险和交易成本就更大。为了避免这种损失，金融机构则会选择集聚在一个地方，这就是金融集聚的动因，Martin（2000）、Corbridge（1994）和 Gehrig（2000）的分析也遵循同样的逻辑。最近的研究也从不同的角度说明了信息对金融集聚的重要性。Palmberg（2012）从隐性知识和面对面交流的重要性解释了信息在金融产业进行空间集中的重要性，认为当隐性知识的流动能够促进产业协调时，金融产业在地理上集聚就能够收益更多的好处，因此，金融产业就会在空间上更加集中。Agarwal 和 Hauswald（2010）、Milani（2014）、Cotugno（2013）则从企业金融机构贷款的角度说明了信息不对称对金融集聚的重要性，他们认为，由于金融机构与企业之间的距离降低会提高企业的信息质量，信息不对称程度会降低，因此金融机构选择靠近企业，会产生金融集聚。

（二）金融集聚测度及效应

国内外学者主要从金融集聚的测度、金融集聚形成机制以及经济增长效应三个方面对金融集聚展开研究。

1. 金融集聚测度

金融集聚测度方面，按照评价方法的不同可大致归纳为三个方面：

（1）因子分析法。李静等（2014）将金融市场细分为保险市场、信托市场、信贷市场和证券市场，基于以上四个行业共选用 19 个指标，采用因子分析法对我国金融集聚进行测度，研究发现我国的地区金融集聚度存在显著的差异，金融资源明显地向东部地区集聚；黄德春等（2016）选用金融产值、金融机构存款余额、金融机构贷款余额、居民储蓄额、保费收入、股票总值、保险密度和股票密度 8 个指标，采用因子分析法对长江经济带 39 个城市金融集聚进行测度，结果发现高水平金融集聚绝大部分为一级中心城市和二级中心城市；张同功等（2018）选取了金融业从业人员、城乡居民储蓄余额、金融机构贷款余额、金融机构存款余额、金融业产值、保费收入6个指标，采用因子分析法对我国15个副省级城市的金融集聚进行测度，结果发现，各副省级城市之间金融集聚水平存在较大的差异性。

（2）主成分分析法。高新才等（2014）基于金融总体规模、银行业、证券业和保险业4个方面选用16个指标，采用主成分分析法对甘肃省金融集聚进行测度，结果显示甘肃省金融集聚水平呈逐年上升的趋势；何宜庆等（2015）采用地区生产总值、全社会就业人数、工业总产值、固定资产投资额、金融从业人数、金融机构存款余额、金融机构贷款余额、上市公司A股总股本、保费收入9个指标，采用主成分分析法对东中部地区8个城市群的金融集聚进行测度，东部地区的六大城市群与中部地区两大城市群相比，金融集聚程度更高；徐晔等（2016）从经济基础、金融集聚能力、金融生态环境三个方面选用25个指标，采用主成分分析法对我国省际金融集聚进行测度，研究发现中国的金融集聚的空间格局总体呈现出“点—线—面”梯度型演化趋势。

（3）熵值法。张超等（2019）从金融发展规模、金融发展效率和金融发展环境3个维度构建金融集聚评价指标体系，采用熵值法对宁波县域金融集聚水平进行了综合测度，结果发现县域间金融集聚差异显著；何宜庆等（2017）从银行业、证券业、保险业和金融密度4个方面选取17个指标，采用熵值衡量了我国省际金融集聚水平，研究得出北京、广东、江苏、浙江和上海的金融集聚水平一直稳居全国前五位；肖利平等（2017）采用区位熵法来衡量我国省际金融集聚程度；李延军等（2018）采用区位熵法来衡量京津冀区域金融集聚程度。

2. 金融产业集聚影响因素

金融产业集聚影响因素方面，大多数研究者以 Marshall（1920）、Porter（1995）等的集聚理论为基础，将金融集聚的主要原因大致归结于以下几个方面的因素：外部规模经济、集聚经济和交易成本。随着空间计量经济学的发展，现有研究越来越多地关注金融集聚的空间关联效应（任英华等，2010；李林等，2011）。而伴随着金融地理学的发展，金融地理学家开始将地理位置、距离和空间因素以及社会人文因素引入了金融研究（Gras，2012；Vemon，2013；陈启亮等，2017）。李伟军（2011）基于金融地理学和信息流经济学等理论，运用面板数据模型分析了我国金融集聚的主要因素，实证结果表明信息是促进金融集聚的主要因素。赵雯等（2014）的研究也得出了相似的结论，认为信息基础设施的建设对我国的金融集聚有着重要的影响。李静等（2014）则基于经济学的角度，着重分析了经济基础和政府政策对金融集聚的影响机制，研究表明地区的经济发展程度是影响金融集聚的主要因素，政府政策的作用次之，金融业在当地的重要程度也具有一定的影响。正辉和蒋赞（2012）利用我国省域层面的面板数据，实证研究表明信息不对称、规模经济和政府政策是促进金融集聚的重要因素，而这些因素在我国东、中、西部的表现不同。张浩然（2016）的研究则聚焦于信息基础设施和人力资本对金融集聚的影响，结果表明这两者都有助于金融集聚，但是东部地区的金融服务业主要向经济发展较好、信息基础设施完善的区域进行集聚，而在中西部地区，金融业主要向区域行政中心集聚，这表明了我国的金融业主要向那些经济发展较好、信息化程度较高的城市集聚。随着空间计量经济学的发展，越来越多的学者开始采用空间计量方法进行研究。张志元和季伟杰（2009）较早运用空间计量方法研究金融集聚的影响因素，研究结果表明经济发展水平、人力资本、技术创新都能够显著地促进金融的集聚，而工业化水平的影响却显著为负，对外开放的水平没有显著影响。任英华等（2010）的研究更为深入，研究认为经济基础和区域创新能够影响我国的金融集聚程度，还动态地考察了人力资本和对外开放因素，认为两者对金融集聚的影响都需要在不同阶段进行审视。

至此，运用空间计量方法来研究金融集聚影响机制的文献迅速增加。张清正（2013、2015）、陈俊等（2013）、豆晓丽（2014）、Chen 等（2014）、邓薇（2015）、张彩江等（2016）、李羚等（2016）和冯林等（2016）等在他们的研究基础之上，研究得出的结论几乎都表明，经济发展、创新、规模经济、政府政策、信息基础设施对金融集聚有（或部分有）正向促进作用。

3. 金融集聚的经济增长效应

金融集聚的经济增长效应方面，国际上，Goldsmith（1969）首次通过实证发现金融发展与经济增长存在同步性；Kindleberger（1974）利用 1970～2000 年发展中国家的相关数据进行了实证分析，结果表明金融集聚水平单向制约区域经济的增长；King 和 Levine（1993）通过大量数据计算得出金融集聚与经济增长之间的正相关关系，同时论证了其影响经济增长的机制；World Bank（2005）通过对全球各国家、地区的数据分析，发现金融业显著促进经济增长；Apergis、Filippidis 和 Economidou（2007）选取 25 个发达国家及 50 个发展中国家和地区 1975～2000 年的相关数据构建了动态面板模型，证明了金融行业的繁荣发展促进了国家经济水平的上升，且在发展中国家的效果更为明显；Kukalis（2010）基于 194 家公司数据进行的实证研究，发现金融产业集聚会引发外部规模经济效应，推动区域经济发展；Rioja 和 Valev（2014）以不同收入国家为研究对象，表明存在经济发展失衡，在不同经济水平的国家中金融发展对经济的作用则有所不同。总体来看，发达国家关于金融集聚与经济增长的研究起步较早，且较为成熟。

近几年来，国内也涌现出不少关于金融集聚与区域经济增长的研究。刘军、黄解宇和曹利军（2007）通过理论研究，认为金融集聚通过金融集聚效应、金融扩散效应、金融功能来促进实体经济的增长；林江鹏和黄永明（2008）实证考察了我国主要金融中心的金融集聚现象，为推动金融集聚进程从而发挥对区域经济增长的作用提出了可操作性的建议；丁艺、李靖霞和李林（2010）从保险、银行、证券业三个方面分析了全国 31 个省区市的金融集聚程度，证明了金融集聚对经济增长具有积极的促进作用，而其中银行业的作用则最为显著；潘辉等（2013）基于省际面板数据对这一问题进行探讨，结果表明金融集聚显著促进了实体经济的增长，且经济越发达的地区，这一促进作用更为强烈；钱水土和金娇（2010）以长江三角洲 16 个地市为例，证明了产业集聚与区域经济增长存在稳定的正相关关系，尤其是存（贷）款集中度和股市融资规模对区域经济增长都具有显著的正向作用；李红和王彦晓（2014）基于我国286个城市的面板数据，采用空间杜宾模型发现金融集聚及其空间溢出与城市经济增长具有正向关系；谢婷婷和潘宇（2018）则进一步指出金融集聚不仅能够推动当地经济的发展，对邻近区域的经济增长同样具有较强的带动作用。随着研究的不断深入，张玄等（2017）研究发现金融集聚与经济发展绩效间并非简单的线性关系，在金融集聚的不同阶段，其对经济发展绩效的影响有所不同。此外，各学者也分别从各层面实证分析了金融集聚对经济增长的促进效应，如刘红（2008）、陈文锋和平琪（2008）、张晓燕（2012）、陆军和徐杰（2014）等。

四、金融创新

（一）金融创新经典理论

1. 金融创新内涵

有关金融创新的概念，学术界并没有一个统一的定义。不同国家、不同地区对其理解有着显著的差异。然而学术界对于“创新”的认识，都来源于美国著名经济学家熊彼特的创新理论。1912年熊彼特于著作《经济发展理论》中历史性地提出“创新”的定义，所谓“创新”是企业家重新组合生产要素与生产条件，从而建立一种新的生产函数。他将这种新的组合归为以下五种可能：一是企业改进产品质量或引进新产品；二是企业使用新的原材料或调整其供应来源；三是企业使用新的生产方法或引进新技术；四是企业拓展新市场以期扩大产品销售范围；五是企业实行新的组织方式，即形成垄断或打破行业垄断地位源。总结其定义，创新即在经济生活中，建立一种新的生产函数，通过引入新的方法、思想，重新组合其生产要素。而且熊彼特的创新理论着重强调生产技术、方法等领域的革新及其对市场经济发展的重要作用。之后的创新理论或多或少受其影响。受时代的局限，熊彼特的“创新理论”尚未提及金融创新的含义，但他谈到“信用”对于创新的重要意义，而“信用”正是金融创新的重要内容。因此熊彼特的创新理论也成为之后金融创新理论的灵感来源。

尽管金融创新的含义都来源于熊彼特的创新定义，但不同学者对金融创新的阐述不尽相同。总结而言，可以从三个层面对金融创新进行理解。从宏观层面理解，金融创新等同于金融史的重大变革，整个金融行业的发展史是全程伴随金融创新的历史。金融创新的时间跨度之长，是跨越整个货币信用发展的历史，金融创新涉及的范围之广，不只有金融产品、服务与技术的创新，金融机构、市场的创新，金融组织与管理方式的创新，还包括整个银行体系乃至整个金融系统的所有改革历程。我国学者陈岱孙、厉以宁根据熊彼特创新理论的内涵将金融创新定义为：金融创新是重新组合各个金融资源和要素，从而建立的新的生产函数，是“利己”的“经济人”为了追求利润最大化所发生的市场改革。

20 世纪 60 年代之后，具有一定规模的各种创新活动在金融领域开始大范围、全方位地活跃起来，并对传统金融制度和业务产生了颇具影响力的冲击。学者对于金融创新的对象有了更为具体、明确的定义。相对于宏观定义的金融创新，人们开始广泛研究中观层面的金融创新理论。根据金融机构中介职能的变化，金融创新主要包括产品创新、技术创新和制度创新。根据传统定义，产品创新是指产品生产者产出比传统产品质量更佳、性能更优的新产品。技术创新主要指企业生产新产品时，采用新的生产要素，生产方法、管理系统的过程。而制度创新则是指一个系统的功能改变，从而提高系统效率的过程。基于中观层面，金融创新的定义是为了不断适应经济环境变化，防止或转移经营风险和降低成本，更好地实现盈利性、流动性、安全性目标，政府、金融当局或金融机构逐渐优化金融中介功能，提高资金营运方式效率，更新营运体系的过程。

而微观层面的金融创新，其研究对象仅限于金融机构的金融工具、金融产品和金融服务，范围较小。具体可分为四种类型：信用创新型金融创新主要集中于金融机构的信贷服务，是金融机构为借款人提供新的资金来源，如票据发行便利（NIFs)，通过短期信用实现中期信用，并且分散了金融机构贷款风险，扩展了借款者的信用资金来源。风险转移型金融创新是指各个金融机构为互相转移内部风险而使用的新工具，这些新工具具有特定功能，通过这种功能，金融机构可以将风险进行有偿转移，如期货交易、期权交易、货币互换、利率互换等。增强流动性金融创新，是指能提升原有金融工具变现能力或增强其可转换性的新金融工具，如基金市场或资产证券化产品市场中，长期贷款的证券化以及大面额可转让定期存单等。由于多数投资者没有实力交易规模较大的资产组合的原始规模较大，因而基金单位负责将规模巨大的资产组合切分，供若干中小投资人交易，这样便于投资，且增加流动性。基于基金和资产证券化两种基础工具，国内金融市场的创新包括 ETF（交易型开放式指数基金）和以房地产按揭贷款为标准的资产证券化产品等。股权创造型金融创新主要指的是一定条件下，债权转变为股权的各种新金融工具，如附有股权认购书的债券（即可转换债券）等。宏观领域的金融创新研究领域过于广泛，而微观领域的金融创新又过于狭窄，本章主要采用的是中观领域的金融创新，基于中观层面的视角，金融创新包括产品创新、市场创新、机构创新与制度创新等。

2. 约束诱导型金融创新理论

金融创新自兴起以来，不断呈现出积极发展的趋势，金融创新为何具有如此蓬勃的生命力，其创新的原动力源于何处，西方经济学家陆续从理论出发，阐述各自对于金融创新的不同见解，形成了各具特色的理论流派。美国著名经济学家 W. L. Silber（1983）首先提出并论证了约束诱导型金融创新，他从供给角度出发，以金融企业追求利润最大化为基本前提，得出金融创新的本质：即微观金融机构在最大限度追求利润时，为减轻外部环境和力量对其采取各种金融压制措施而实行“自卫”的反击。西尔柏将金融压制归为两个方面的来源：一是来自外部环境变化的政府管控，此来源又分为两种情形：一种情形是外部条件改变导致了金融压制，压低了金融组织运行效率，金融机构唯有以创新的方式来弥补损失，提高组织效率；另一种情形是金融机构由于受到压制，所承担的机会成本不断增加，创新即对金融压制的反应，其代价等同于压制所引起的机会成本的增加。金融机构的创新正是通过逃避压制以减少其机会成本上升所造成的损失。二是内部施加的压力。金融机构为预防可能的经营风险，会时刻保持其资产的流动性和一定的偿还率，相应采取了一系列资产负债管理制度，其中有偿还期对称、各种资产运用比率等。然而这些管理制度却产生了正负两种效应：一方面保证了金融企业的稳固运营，另一方面却造成了金融机构内部的金融压制。

然而，西尔柏的创新理论对金融创新的成因分析过于笼统。他虽然指出了金融组织创新的本质是追求利润最大化，而且表现为“逆境创新”，即当内外部力量施加压制时，金融机构为保证其最大化利润，则会躲避各种压制，其创新行为正是在躲避过程中实现的。但这种解释金融创新成因，丧失了金融创新的特征及个性，这种“逆境创新”无形地缩小了金融创新的内涵。但值得肯定的是，西尔柏以金融组织的金融工具与业务创新为分析框架，研究总结出的金融创新理论，为学术界从供给角度研究金融创新提供了重大理论依据。

3. 规避型金融创新理论

“规避”型金融创新理论由美国学者凯恩（E. J. Kane, 1993）提出。“规避”的含义是针对规章制度中限制性规定而采取回避的方式。“规避创新”则是金融组织对各种金融管控实行回避的行为。当外部市场机制与金融机构内部管理相互作用，金融组织回避其金融控制时，会发生金融创新的行为。在法律和市场机制约束下，经济个体为追求自身利益，总会有意识地寻找避开政府管制的方法，对政府的限制采取应对措施，从而获取高额利润。由此，凯恩给出了一个制定规章制度的框架，其中制定规章制度的程序与被管制人实行规避的过程相互适用并发生相互作用。通过这个阶段逐步形成了较为实用的规章制度。凯恩认为一直以来，由规避行为产生的金融创新与货币信用历史联系紧密。过去，金融创新正是对货物交换媒介短缺乃至金融危机的反应，最典型的例子是早前对《限制高利贷法》的规避。

美国在 20 世纪 60 年代颁布了《限制高利贷法》，金融组织对其规避方式主要是通过支付高于法律规定利率上限的佣金，或在贷款发放前将少量余额存入贷款银行的方法实现的。金融控制与由此发生的规避行为具有辩证关系。许多形式的政府管制相当于隐含的税收，间接降低了金融组织的盈利效率，因此金融机构会以创新的方式逃避政府管制。根据经济学原理，需求增长会增加货币供给，而扩大货币供给的方式也是通过新增金融工具等形式来完成的。但当金融创新的方式偏离货币政策的目标，甚至金融创新的负面影响危及社会的金融稳定时，政府以及金融当局会加强监管。为了规避政府管制，金融领域又会产生新的金融工具，这样管制与规避引起的创新相互作用，如此循环交替，形成了一个辩证过程。虽然两者相互作用具有一定的时滞性，但在此过程中，金融组织的适应能力不断增强，随之整个社会的金融创新效率也在逐渐提高。这也主要归功于现代科技的不断发展，提高了金融组织自身的能力也使其对经济社会的环境变化更加警觉。“规避”理论相较于其他金融创新理论更为具体，更加强调外部环境的作用。从“规避”的角度，也为我们探寻了部分金融创新行为的源泉，但是“规避”理论过于绝对和抽象化地将规避与创新这两个概念，逻辑地联系在一起，而忽略了其他因素的影响和作用。

4. 制度学派金融创新理论

North 和 Davies（1999）认为金融创新是一种制度的改革，它与经济制度互为因果，互相影响。制度理论指出金融创新是经济制度的一个构成部分，是与经济制度相互作用、互为因果的制度变革。这样金融体系中任何因制度变革而引起的金融改革都可视为金融创新。如央行货币政策中为了维持金融稳定，降低收入分配差距所采取的金融改革，是建立新的规章制度，其意义并非“金融压制”，而是“金融创新”。例如，各国存款保险金制度的提出和推行，正是金融当局为维护金融系统稳定而实施的重要举措，此举虽然属于金融监管的范畴，但也是一种金融创新的表现。然而人们对这一金融创新理论流派存在很大的分歧，有的学者认为这种金融创新理论近似于制度创新，有的学者却认为这种金融管制实质上阻碍了金融创新的发展，因而必须明确“金融压制”和“金融深化”两者的区别，金融压制必然阻碍金融创新，但金融深化则会加速创新。

因此，金融创新的广泛含义就是金融体系中的各种制度变革。他们还指出，政府部门不仅是监管机构，也应该进行制度改革，即政府的创新活动。而政府的金融创新旨在增强金融和资金配置效率，稳定发展金融行业，而不是束缚和限制民间金融机构的发展。

5. 交易成本金融创新理论

J. R. Hicks（1995）提出了另一种金融创新理论，他认为“金融机构进行金融创新的首要目的是降低交易成本”。交易成本理论认为降低交易成本是金融创新的重要支配因素。其观点包含以下两层意思：其一，金融创新行为的主要动机正是降低其交易成本，交易成本的高低直接反映金融组织业务及其金融工具的实际意义；其二，金融创新行为直接反映了科技进步与交易成本的相互关系。有关交易成本的计算范围有一定的分歧，有的人认为金融资产买卖所产生的直接费用即交易成本，但更为全面准确的理解，影响交易成本的要素包括投资风险、资产预期收益、投资者收入以及货币替代产品的供给等。可以认为持有货币是收入较低经济体用固定成本规避金融风险的一种方式。希克斯将货币需求同金融创新引入研究交易成本的过程之中，他认为交易成本是影响货币需求的重要原因。而且交易成本的大小直接影响经济个体的预期需求，交易成本的降低会使货币向更高级形式发展和演变，在此过程中会产生新的交换媒介和金融工具，由此形成一个循环向上的发展过程，不断降低交易成本就能推动金融创新的发展。

因此，希克斯等得出结论，交易成本持续降低的过程正是金融创新的过程。交易成本理论认为微观金融经济结构改变导致交易成本降低是金融创新的源泉，有其局限性，因为引起交易成本降低的因素很多，不仅仅包括科技进步，外部经济环境的改变、行业内部竞争等因素都会引起交易成本产生变化。该理论仅仅用交易成本下降来解释金融创新的原因，是将丰富的内涵简单化。然而尽管交易成本有其不足之处，但它仍不失为研究金融创新的一种有效分析方法。

（二）金融创新的实证探索

金融业发展在国民经济中占有重要地位，国外学者早已对金融发展在国家发展产生的影响进行了多角度分析。研究成果最丰富的是金融发展与经济增长的关系，James B. Ang（2008）通过研究马来西亚金融发展与经济增长线性联系的动力机制，发现金融发展可以通过提高产出进而增加个人收入与投资，即金融发展通过提高投资效率来推动经济增长。Manoel Bittencourt（2012）在研究拉丁美洲金融发展与经济增长关系时同样得出金融创新提升企业投资积极性，进而促进经济增长，并指出我们应该重视更加开放、更加活跃且更具有竞争力的金融部门在金融资源配置中的重要作用，同时也要注重保持微观经济环境的稳定性。金融发展与经济增长的关系会受到政策因素或国际事件的影响，以我国为例，在2001 年加入世贸组织之后，开始进行金融改革，研究发现我国加入世贸组织之后，国外银行进驻中国促进了金融业的改革，推动了金融创新发展。金融发展与国民经济息息相关，作为金融发展动力源的金融创新对经济增长的影响更加不容忽视，虽然有关金融创新的言论存在很多争议，但无论如何金融创新都是经济发展的重要影响因素（Martin Janíčko，2015），没有金融创新，经济增长最终会停滞（Luc Laeven & Ross Levien，2015）。Thorsten Beck 和 Tao Chen（2016）研究发现，金融创新不仅代表一个国家的金融发展水平，而且能使高经济发展水平的国家发展更快。

现在的金融创新都旨在从风险资产中挖掘无风险资产（Mian & Sufi，2015），因此金融创新是一项涉及高风险项目的活动，比一般企业的创新更加困难（Ibrahim Bostan & Marinan Spatareanu，2017），Hammad Siddiqi（2017）认为人们对确定性风险和不确定性风险的非平衡偏好为金融创新提供了一条思路，促使人们从风险资产中分离出无风险证券。Xindan Li 和 Avanidhar Subrahmanyam 等（2018）以金融创新产品 CBBCs 为例研究了金融创新如何迎合投资者的行为偏好，本书认为传统的金融创新动机主要是市场竞争和降低交易成本，而合约创新（例如 CBBCs）更加符合投资者的行为偏好。金融创新需要积极的政策环境，政府应该制订合理的金融创新政策使金融创新得到充分的政策支持，并将创新政策与整体经济目标联系起来（Jarunee Wonglimpiyarat，2012）。但是金融创新率并不是越高越好，过度追求金融创新会损害金融系统的平稳性，并导致经济系统从良性循环转为恶性循环（Eliana Lauretta，2018）。Chou 和 Chin（2004）设计构建了这样一种金融中介，它既投资于高风险、高科技、高回报的研发项目，又会购买金融机构等创新的金融产品。该中介部门的人力资本投入以及现有金融产品的外溢产出共同决定了金融创新的增长率。他们得出的结论是，技术进步是金融创新促使经济持续增长的重要渠道。有关研究还发现政策及法律体系（Haggard & Webb，1993；La Porta et al.，1997；Levine et al.，2000）、对外开放（Rajan & Zingales，2003；Xiong et al.，2016；Ang & Kumar，2014）等因素会影响金融创新的发生。

此外，也有学者对某一地区或国家的区域金融创新能力进行测度，有学者直接将 M2/M1 作为金融创新的评价指标（Mannah - Blankson et al.，2004；Hye，2009）。Kim 等（2012）选取利率、风险投资/私募股权、资产证券化等指标分别评价金融工具创新、金融机构创新以及金融市场创新，并选取自动取款机与银行卡数量作为金融技术创新的测度指标。

国内学者对金融创新领域的研究较晚，但也获得了一系列理论成果。陈岱孙、厉以宁（1991）首次指出金融创新是各个经济主体为实现利润最大化，结合各种金融要素，使之重新组合，从而构建了新的生产函数，是市场中自然形成的改革。它是非常广泛的含义，包括金融系统中发生的所有新兴事物，其中有创新的金融工具、创新的融资方式和支付清算手段、创新的金融组织形式和管理方式，甚至一个全新的金融市场。钱国荣（1997）认为金融创新主要是金融制度的创新、金融方式的创新以及金融文化的创新，政府作为金融制度创新的主体，颁布一系列法规政策甚至法律条文，并用文字的形式记录，行政法规的方式固定并推行。而金融手段创新的主要参与者是各金融机构，他们通过不断推陈出新，凭借新兴金融产品相互竞争，占领市场份额，从而实现盈利的最终目标。

陆磊、王颖（2005）研究金融创新时主要站在保险行业管理系统风险的视角，认为金融创新是控制风险的必要手段。冯毅（2011）站在银行业体制改革的角度研究金融创新，认为银行体制改革的成功实施是银行金融创新的根本内因，金融体制改革引发银行金融创新。近年来随着国家产业结构的转型，学术界对金融创新的研究逐渐增多，其中研究最多的是金融创新与风险管理、风险监督相关的内容。王永海、章涛（2014）研究了金融创新趋势下如何运用审计手段防范金融风险的问题。马铁群、崔伦刚（2016）以交叉金融创新为例，论述了审计对金融行业套利监管的监督情况，认为交叉金融创新已经成为金融行业套利的多发地带，而其监管却处于真空状态。阳建勋（2017）研究福建自贸区金融创新能力时指出金融监管的重要作用，认为滞后的金融监管是引起金融创新与监管不协调的主要原因。

对金融创新监管的研究大多属于理论研究的范围，随着我国金融行业的发展，金融数据开始应用于学术研究的领域，部分学者开始对金融创新指标进行测度，并分析其影响因素。

金融创新测度方面，陈晶莹（2008）从金融创新主体、中介服务体系、金融创新资源和管理体系四个方面构建了一个较完善的金融创新评价体系，但这也是一个理论上的指标评价，没有数据的量化支撑；章莳安（2013）选用技术能力、管理能力、市场成长、创新环境等指标构建金融创新评价体系，并运用主成分分析法衡量赣南等 14 县域的金融创新水平；朱尔茜（2013）选取经济发展基础、金融业总体发展水平、重点金融行业发展状况等四个指标，采用因子分析方法测度我国 31 个省区市的区域金融创新水平，进一步证实了我国区域金融创新能力发展不均的现状；蒋瑞波（2014）、彭继增等（2016）则选取金融业就业人数和金融业资本存量作为两个投入变量，金融业增加值作为产出变量，运用 DEA 方法测度我国 30 个省区市区域金融创新能力；李赟鹏（2015）从经济基础条件、金融业发展基础条件和金融各行业发展水平 3 个方面选取 12 项指标构建金融创新综合指标体系，采用因子分析法测度了 2013 年我国 31 个省区市区域金融创新水平；李媛媛等（2017）从金融业发展水平、金融创新效应及金融创新度 3 个方面对我国区域金融创新水平进行评价；部分学者还针对我国商业银行的金融创新能力进行了测度（程思劢，2014；朱培莹，2015；马婧宁，2015；吕喜明，2016）。

金融创新影响因素方面，相关研究成果并不多见。赵明元等（2011）采用多元回归模型对我国商业银行金融创新的影响因素进行研究，结果表明银行持续创新实现程度与持续创新动力、能力、机遇要素及其耦合协调度之间均呈正相关关系；刘梦坤等（2015）采用 2004～2013 年 30 个省际面板数据，利用 DEA 方法测度了我国省际区域金融创新效率，研究结果表明我国整体金融创新效率水平虽呈上升趋势但区域差异明显，贸易专业化、净出口、金融发展、金融市场的设置、人才储备和政府金融支持对金融创新效率的提升有显著的促进作用；刘梦坤（2016）在对我国金融创新效率的省际差异及其影响因素研究基础之上，对区域金融创新效率值进行空间全局和局部相关性分析并建立空间误差面板数据模型研究了区域金融创新效率在空间上的相关、集聚和溢出效应；赵真真（2019）基于增长极理论和金融中心理论阐述了区域金融创新空间效应的产生机制及传导机制，并在以上理论与计量模型理论的基础上，先应用空间自相关检验对我国区域间金融创新能力的空间效应进行验证，再采用空间计量模型对我国各地区金融业创新能力和银行、保险创新能力的空间效应及其作用路径进行研究。

区域金融创新综合评价、空间差异及影响机制
Chapter 2

第二章 区域金融创新综合评价体系

构建区域创新综合评价体系是探索其省际差异特征及影响机理的基础。本章拟从金融市场创新、金融机构创新、金融产品创新、金融技术创新及金融监管创新 5 个方面构建区域金融创新综合评价体系。

一、区域金融创新评价指标构建

（一）指标选取原则

一是理论全面性原则。金融创新发展指标体系是为了能够对我国金融创新的发展水平与现状有一个客观全面的反映，应该遵循全面、系统并相互联系地评价研究对象。首先，指标体系应从不同角度对研究对象作出评价，要考虑到影响金融创新的各个主要方面；其次，指标体系还应考虑到各个指标项之间的系统性和关联性，考虑到各方面的协调性，并将指标按其属性联系进行安排。因此，金融创新评价指标体系的构建应在充分认识和系统研究的基础上，考虑理论上的完备性、科学性和正确性，保证指标体系完整、指标概念明确，且具有一定的科学内涵。

二是实用性与可操作性原则。实用性是指标体系对系统的分解方式和选取的指标应被大多数人所理解和接受，并常被政府机关、教育机构以及科研单位所借鉴和采纳，否则就失去了意义。所谓可操作性，是指所选指标要具有可测性与可比性，定性指标也应有一定的量化手段与之相对应，定量指标均可以国家统计部门发布的数据为基础，应采用统一的数据处理方法进行计算。在设计指标体系时，应尽可能地减少定性的或难以量化的数量。在实际调查和评价中，指标数据尽可能地通过统计资料（基本可以从各年鉴获取）整理或直接从有关部门获取，对一些难以衡量和量化的指标尽量予以避免，从而保证了研究中数据的可获得性。

（二）指标体系结构

根据区域金融创新内涵，参照现有相关研究成果，从金融市场创新、金融机构创新、金融产品创新、金融技术创新及金融监管创新 5 个方面，共选取 17 项具体指标构建了区域金融创新综合评价体系，具体构建逻辑说明如下。

1. 金融市场创新

金融市场创新是对区域内金融要素的重新整合，以创造一个较高效率、较低风险的资本运营环境，满足市场主体的需求。在我国，企业主要通过金融机构间接融资方式融资。2017 年，我国社会融资规模共计 174.64 万亿元，其中，间接融资余额为 149.62 万亿元，占比 85.67%，而由企业债券、非金融企业境内股票融资构成的直接融资额为 25.02 万亿元，占 14.33%。在这个意义上，我国金融市场各类业务的开展，以及从以间接融资为主到以直接融资为主的过程本身就是一种创新。限于数据的可得性，本书使用企业债券和非金融企业境内股票融资作为直接融资额的构成部分，将其与总资产的比重称为直接融资度来表示金融市场创新的具体状态，直接融资度越高，说明该地区的金融创新活动越活跃。此外，一个地区金融市场越复杂，说明金融创新越容易发生，因此本书使用银行集中度指标（地区金融业从业人员数除以总人口数量）来衡量金融市场的复杂程度，该指标为正向指标，其值越大，越说明金融市场发达，越利于金融创新活动的发展，有助于区域金融创新能力的提高。同时，本书还选择上市公司数量、保险密度和保险深度三个指标加以补充。上市公司数量可以直接衡量一个地区金融资源水平和股票市场的发展趋势。保险规模的大小影响着区域金融市场的广度，选取保险深度和保险密度可以衡量保险机构参与区域金融活动的程度，在一定程度上反映区域金融市场的结构特点。以上三个补充指标，均为正向指标，其值越高，越能够说明区域金融市场创新能力较强。

2. 金融机构创新

金融机构创新，顾名思义是成立具有新型功能的金融机构，或对已有金融机构的并购重组和改造。其目的仍然是为满足企业、个人等享受金融服务的消费者的需求，各种新型金融机构的成立，正是金融创新最直接的表现。基于数据的可得性，选取金融科技公司数、新型农村金融机构数、小额贷款公司数与融资租赁企业数这四个指标来代表新型金融机构的发展现状。金融科技主要是指由大数据、区块链、云计算、人工智能等新兴前沿技术带动，对金融市场以及金融服务业务供给产生重大影响的新兴业务模式、新技术应用、新产品服务等，因此，金融科技公司数量能够在一定程度上反映我国金融机构创新水平。新型农村金融机构代表了我国金融业在农村地区的变革和创新，综合反映金融支农这一金融创新事业的发展情况。小额贷款公司的出现，缓解了我国民营中、小企业“融资难”的状况，很好地补充了传统银行的职能。融资租赁业务在我国尚处于起步阶段，属于近年才创新的融资业务，其机构数量也在一定程度上反映了我国金融机构创新水平。以上四个指标，均为正向指标，其值越高，越能够说明区域金融机构创新能力较强。

3. 金融产品创新

金融产品创新是金融机构为降低成本，提高盈利水平，不断开发种类多样的新型金融产品以满足不同客户群体的需求。基于数据的可得性，选取委托贷款、储蓄存款以及票据业务量三个指标作为区域金融产品创新指标。其中，委托贷款主要指信托机构按照委托人指定要求所发放的贷款，此项业务不属于商行的资产负债类业务，是一种创新的中间业务，银行一方只收取一定的佣金。在一定程度上，委托贷款额越大，则表明银行的中间业务发展越好。存款创新是为达到规避管制、增加同业竞争能力和开创新的资金来源为目的，不断推出新型类别的活动。储蓄存款规模越大，表明银行的直接业务产品创新越好。票据业务量则反映了票据业务规模的大小，票据是现代金融业在资金结算、融通过程中重要的金融工具，是金融系统中最常见的支付手段，而近年来，票据的融资功能也开始为银行和企业推广使用。本书所指的票据业务量包括金融机构的银行承兑汇票承兑余额。以上三个指标，均为正向指标，其值越高，越能够说明区域金融产品创新能力较强。

4. 金融技术创新

金融技术创新是指伴随着科学技术和管理技术的发展，为了降低金融交易成本、提高金融交易效率而在金融交易手段、交易方法和物质条件方面发生的变化与革新。金融技术创新既是金融效率提高的物质保证，同时还是金融创新的内在动力之一。关于金融技术创新的衡量指标，现有研究主要从两个方面展开研究，一方面是基于网络搜索热度构建的情绪指数，通过生成互联网金融指数，探究我国金融科技行业的发展趋势（沈悦和郭品，2015；Li et al.，2017）；另一方面是基于结构化数据构建的金融科技指标体系（郭峰等，2016），依托金融科技企业的交易账户底层数据，从金融科技服务的覆盖广度、使用深度和数字支持服务等视角，搭建数字普惠金融体系。邱晗等（2018）在此基础上进一步利用蚂蚁金服关于数字金融的微观数据，选取支付宝账户覆盖率作为金融科技代理变量。综上所述，笔者认为根据词频热度建立的金融科技情绪指数并不一定能够真实反映金融技术创新水平，不同的是，以支付宝为代表的金融科技服务涵盖海量结构化数据，更能细致全面地体现中国金融技术创新发展。基于上述考虑，选用北京大学数字金融研究中心编制的中国数字普惠金融指数（省级层面）作为金融技术创新代理变量。数字普惠金融水平越高，则意味金融技术创新水平越强。

5. 金融监管创新

我国的金融监管体系由以“一行三会”为基本架构的中央垂直金融监管机构构成。随着我国金融市场化改革的逐步深入及金融市场的全面开放，混业经营的趋势日益增加，出现了跨越银行、证券、保险等金融子行业的交叉性领域，削弱了分业监管的有效性。其中，一个主要原因就是我国金融监管协同机制的不健全，导致交叉监管、重复监管和监管空白等后果，从而降低了监管效率，甚至出现监管“失灵”，使分业监管隐含的问题日益突出，传统的分业监管体系已无法满足金融业发展的需要，这对地方金融监管体制的健全与完善产生了迫切要求。因此，金融市场创新对于科学有效地进行金融监管，对保障经济金融安全与持续健康发展具有重要的现实意义。本书将从宏观审慎监管和微观审慎监管两个方面描述金融监管创新。其中，宏观审慎监管包括金融杠杆率和股市泡沫，金融杠杆率的上升会削弱权益资本对风险损失的覆盖能力，进而弱化金融体系的稳定性，使金融危机更易于发生；股票市场作为我国金融市场的重要组成部分，在国民经济的运行发展中发挥着关键作用，而随着投机交易的极度活跃，市盈率迅速攀升，股市泡沫的不断增大，其波动与震荡往往会对金融体系造成巨大的冲击，股市的崩盘风险便是一种极端的系统性风险。微观审慎监管包括不良贷款率和存贷比，不良贷款率是银行机构不良贷款占总贷款余额的比重，其数值越大，表明银行运行越不稳定，发生信用风险的可能性越大；存贷比是银行贷款总额与存款总额的比重，是监管当局对银行流动性风险监管的重要指标，存贷比越低，银行的流动性好，发生流动性风险的可能性越小。以上四个指标，均为负向指标，其值越低，越能够说明区域金融监管创新能力较强。

区域金融创新评价指标体系如表 2－1 所示。

表 2－1　区域金融创新评价指标体系

一级指标层	二级指标层	计算公式	单位	性质
金融市场创新	上市公司规模	上市公司数量/地区总人口	家/百万人	+
	保险密度	地区保费收入/地区总人口	元/人	+

续表

一级指标层	二级指标层	计算公式	单位	性质
金融市场创新	保险深度	地区保费收入/地区 GDP	%	+
	银行集中度	金融机构就业人数/地区总人口	%	+
	直接融资度	企业债券和股票融资额/总资产	%	+
金融机构创新	金融科技公司规模	金融科技金融公司数/地区总人口	家/百万人	+
	新型农村金融机构规模	新型农村金融机构数/地区总人口	家/百万人	+
	小额贷款公司规模	小额贷款公司数量/地区总人口	家/百万人	+
	融资租赁企业规模	融资租赁企业数/地区总人口	家/百万人	+
金融产品创新	委托贷款规模	委托贷款/地区总人口	元/人	+
	储蓄存款规模	储蓄贷款/地区总人口	元/人	+
	银票承兑量规模	银票承兑额/地区总人口	元/人	+
金融技术创新	数字普惠金融	北京大学数字普惠金融指数	/	+
金融监管创新	金融杠杆率	信贷总额/地区 GDP	%	-
	股市泡沫	股票总市值/地区 GDP	%	-
	不良贷款率	商业银行不良贷款/贷款总额	%	-
	存贷比	银行贷款总额/存款总额	%	-

（三）综合测度方法

学术界关于多指标综合评价的方法众多，可归纳为两大类：主观赋权评价法与客观赋权评价法。为规避指标权重确定过程中主观因素的干扰，本书将选用客观赋权的熵值法计算各指标权重，并结合加权求和法得到测度结果。熵值法的具体计算过程如下：

（1）原始数据标准化。

正向指标：

$$x_{ij}' = (x_{ij} - \beta_i)/(\alpha_i - \beta_i) \quad (2-1)$$

逆向指标：

$$x_{ij}' = (\alpha_i - x_{ij})/(\alpha_i - \beta_i) \quad (2-2)$$

其中，x_{ij}代表第 i 个样本、j 项指标的初始值，x_{ij}'代表标准化指标值，α_i 为指标最大值，β_i 为指标最小值。

（2）计算指标比重（p_{ij}）：

$$p_{ij} = x_{ij}/\sum_{i=1}^{n} x_{ij}, i = 1,2,\cdots,n; j = 1,2,\cdots,m \quad (2-3)$$

其中，n 为样本（城市）个数，m 为指标个数。

（3）计算指标熵值（e_j）：

$$e_j = -k\sum_{i=1}^{n} p_{ij}\ln(p_{ij}) \quad (2-4)$$

其中，$k = 1/\ln(n), e_j \geqslant 0$。

（4）计算信息熵冗余度（g_j）：

$$g_j = 1 - e_j \quad (2-5)$$

（5）计算指标权重（w_j）：

$$w_j = g_j/\sum_{j=1}^{m} g_j \quad (2-6)$$

（6）计算金融创新能力（F_i）：

$$F_i = \sum_{j=1}^{m} w_j p_{ij} \quad (2-7)$$

（四）研究数据来源

为更全面地观察区域金融创新的空间差异，本书将我国31个省区市（因数据获得性原因，这里不将我国香港特区、澳门特区和台湾地区纳入分析，下同）均纳入测度范围。数据来源方面，上市公司规模、保险密度、保险深度、直接融资度、小额贷款公司规模、委托贷款规模、储蓄存款规模、金融杠杆率、股市泡沫、不良贷款率以及存贷比所用到的相关测度数据均来源于《中国金融数据库》；银票承兑量规模相关数据来源于各省区市《年度金融运行报告》（2012～2017年）；银行集中度和新型农村金融机构规模所用到的相关数据均来源于《国泰安数据库》；金融科技公司规模和融资租赁企业规模相关数据均来源于网上公开数据；数字普惠金融指数来源于北京大学数字金融研究中心编制的中国数字普惠金融指数。

二、区域金融创新实证测度

（一）区域金融创新各子系统测度

基于构建的区域金融创新水平测度体系，率先测度2012～2017年中国31个省区市区域金融创新的5个子系统水平，并以2017年为例对各子系统测度结果进行分析，如表2－2所示。

表 2-2　2017 年各省区市区域金融创新各子系统水平

省区市	金融市场创新	金融机构创新	金融产品创新	金融技术创新	金融监管创新
北京	1.0000	0.4846	0.9981	0.9801	0.7361
天津	0.2774	0.5173	0.4813	0.8437	0.4220
河北	0.1246	0.0322	0.0678	0.7669	0.6641
山西	0.1845	0.0410	0.2427	0.7722	0.6198
内蒙古	0.1135	0.0828	0.1287	0.7679	0.3506
辽宁	0.2026	0.0855	0.3026	0.7936	0.5002
吉林	0.1583	0.0942	0.1364	0.7568	0.5050
黑龙江	0.1475	0.0283	0.0689	0.7628	0.5712
上海	0.6606	0.7348	0.4672	1.0000	0.7521
江苏	0.3285	0.0932	0.3101	0.8843	0.7052
浙江	0.4276	0.1090	0.4460	0.9447	0.5673
安徽	0.1470	0.0468	0.1062	0.8068	0.6706
福建	0.1807	0.0741	0.1402	0.8890	0.5149
江西	0.0582	0.0313	0.1390	0.7936	0.5881
山东	0.1619	0.0419	0.2554	0.8081	0.5548
河南	0.0932	0.0250	0.1048	0.7929	0.7117
湖北	0.1513	0.0348	0.2003	0.8474	0.7059
湖南	0.1763	0.0119	0.0687	0.7756	0.7241
广东	0.2863	0.2030	0.2601	0.8798	0.7439
广西	0.0254	0.0377	0.0861	0.7781	0.6433
海南	0.1545	0.0395	0.2920	0.8188	0.6483
重庆	0.1116	0.0657	0.1770	0.8208	0.7227
四川	0.1454	0.0308	0.1600	0.7955	0.6293
贵州	0.0512	0.0476	0.1813	0.7469	0.4780
云南	0.0577	0.0279	0.0692	0.7612	0.4542

续表

省区市	金融市场创新	金融机构创新	金融产品创新	金融技术创新	金融监管创新
西藏	0.1698	0.0231	0.0870	0.7295	0.5955
陕西	0.1537	0.0405	0.1777	0.7927	0.6734
甘肃	0.0901	0.1034	0.0920	0.7241	0.2592
青海	0.1437	0.0504	0.1112	0.7135	0.3021
宁夏	0.1562	0.1047	0.2017	0.7592	0.3621
新疆	0.1774	0.0645	0.2017	0.7387	0.6358

1. 金融市场创新

金融市场创新得分分布由最低的0.0254（广西）到最高的1.0000（北京），后者为前者的39.42倍，意味着我国金融市场创新区域之间差异较大，不同省区市之间金融市场协同创新能力较弱。具体看来，金融市场创新得分高于0.4的省市仅包括北京（1.0000）、上海（0.6606）和浙江（0.4276），此外，除江苏（0.3285）、广东（0.2863）、天津（0.2774）和辽宁（0.2026）四省市金融市场创新得分高于0.2以外，其余省区市金融市场创新得分均低于0.2，具体包括山西、福建、新疆、湖南等24个省区市，占所考察省区市总数的77.42%，进一步说明我国大部分省区市金融市场创新水平亟待提高，特别是河南、甘肃、江西、云南、贵州、广西等金融市场创新水平较弱的省区市，必须高度重视金融市场创新问题，不断推动区域金融创新。

2. 金融机构创新

金融机构创新得分最高的是上海（0.7348），得分最低的是湖南（0.0119），前者是后者的61.97倍，意味着我国金融机构创新区域差异格外显著。纵观所有省区市金融机构创新得分，容易发现上海“领头羊”地位较为凸显，比排在第二位的天津（0.5173）高出42.04%，这主要是因为上海作为我国金融中心，是我国金融业对外开放的主要承载地，其金融机构种类及数量均处于领先地位。除上海外，仅天津、北京和广东3个省市金融机构创新得分高于0.2，依次为0.5173、0.4846和0.2030，是我国金融机构创新水平较为领先的省市，金融科技机构、农村金融机构、小额信贷机构以及融资租赁机构等新型机构创新能力较其余27个省区市相对较高。

3. 金融产品创新

金融产品创新得分最高的5个省市依次为北京、天津、上海、浙江以及江苏，分别为0.9981、0.4813、0.4672、0.4460和0.3101，这些省市较好地动员和分配了可支配的金融资源，满足了社会经济发展对金融资源的需要。金融产品创新得分最低的4个省份是云南（0.0692）、黑龙江（0.0689）、湖南（0.0687）以及河北（0.0678），也是全国仅有的4个金融创新得分低于0.07的省份，得分最高的北京是得分最低的河北的14.73倍。除以上4个省份外，青海、安徽、河南、甘肃、西藏及广西6个省区金融产品创新得分均低于0.12，依次仅为0.1112、0.1062、0.1048、0.0920、0.0870和0.0861，这些省区大多数位于中西部地区，市场化进程缓慢，金融产品的推广受到不同程度的阻滞。综观各省区市金融产品创新水平，全国大部分省区市得分主要集中于0.12~0.30，包括16个省区市，这些省区市金融产品创新水平彼此之间的差距相对较小。

4. 金融技术创新

金融技术创新得分最高的是上海，达到1.0000，北京位列第二，达到0.9801，它们是全国仅有的2个金融技术创新得分高于0.95的地区，上海和北京作为我国技术创新、知识集聚、产业发展枢纽的中心区域，金融科技创新能力较强。除上海和北京外，浙江、福建、江苏以及广东4个省份金融技术创新得分均超过0.85，分别为0.9447、0.8890、0.8843以及0.8798，以上4个省份均位于沿海发达地区。与之相对应的是，金融技术创新得分最低的5个省区分别为贵州、新疆、西藏、甘肃和青海，分别仅为0.7469、0.7387、0.7295、0.7241和0.7135，不难看出，以上5个金融技术创新得分低省区均位于西部地区，金融技术创新能力有待进一步提升。

5. 金融监管创新

金融监管创新得分最高的为上海，达到0.7521，其次是广东，达到0.7439。此外，北京、湖南及重庆3个省市的金融监管创新得分也均超过0.72，分别为0.7361、0.7241以及0.7227，以上省市金融监管创新得分较高的原因各异，上海和重庆的不良贷款率低，北京和广东的存贷比较低，湖南的杠杆率较低。天津、宁夏、内蒙古、青海以及甘肃的金融监管创新得分位居全国后5位，依次为0.4220、0.3621、0.3506、0.3021以及0.2592，均低于0.45，是我国金融监管水平亟待提升的省区市，必须加强金融风险防范化解，提升服务实体经济水平。综观各省区市金融监管创新水平，全国大部分省区市得分主要集中于0.45~0.72，包括21个省区市，这些省区市金融监管创新水平与高水平省区市之间的差距相对较小，说明我国大部分省区市在金融监管创新方面取得较好成效。

（二）区域金融创新综合水平测度

在区域金融创新5个子系统得分测度的基础上，进一步采用熵值法对2012~2017年中国31个省区市区域金融创新综合水平进行测度，本部分将以2017年为例对区域金融创新综合水平测度结果进行分析，如图2-1所示。不难看出，2017年中国各省区市区域金融创新综合得分分布于0.0569~0.8579，其中得分最高的是北京（0.8579），得分最低的是云南（0.0569），31个省区市金融创新综合得分均值（M）为0.2030，标准差（SD）为0.1915，表明2017年中国区域金融创新综合水平得分总体较低，省区市间存在较为显著的空间差异。根据得分均值（M）与标准差（SD）关系，将31个省区市划分为明星型（得分≥M+0.5SD）、一般型（M-0.5SD≤得分≤M+0.5SD）和潜力型（得分≤M-0.5SD）三种类型。

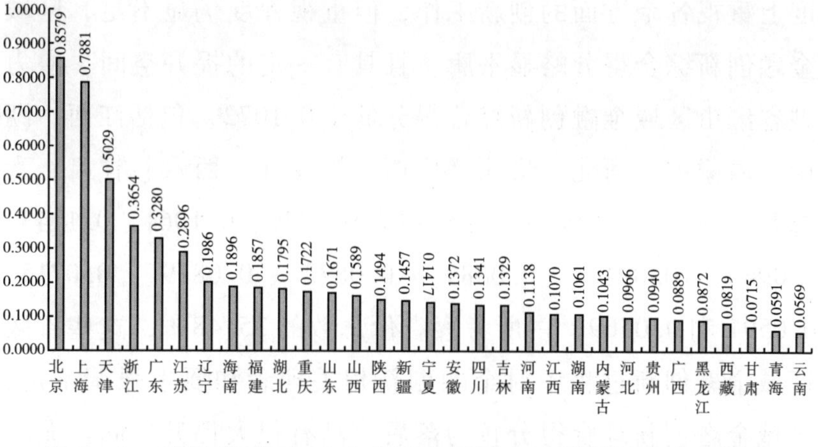

图2-1　2017年我国31个省区市区域金融创新综合水平得分

明星型省份区域金融创新综合水平得分高于0.2987，包括北京、上海、天津、浙江和广东5个，得分依次为0.8579、0.7881、0.5029、0.3654和0.3280，占考察省区市总数的16.13%，以上5个省市各个子系统创新能力在全国均排前列，所以区域金融创新综合能力较强。其中，北京和上海为超级明星型地区，它们的区域金融创新综合得分不仅远远领先于一般型和潜力型的地区，并且在较大程度上领先于其余3个明星型地区，是区域金融创新综合水平表现最为优异的2个地区。一般型省区市区域金融创新综合得分介于0.1072～0.2987，包括江苏、辽宁、海南、福建、湖北、重庆、山东、山西、陕西、新疆、宁夏、安徽、四川、吉林和河南15个省区市，它们的区域金融创新综合得分分别为0.2896、0.1986、0.1896、0.1857、0.1795、0.1722、0.1671、0.1589、0.1494、0.1457、0.1417、0.1372、0.1341、0.1329和0.1138，占所考察省区市总数的48.39%，这些省区市在区域金融创新过程中能够在一定程度上重视各个方面的创新工作，但重视程度仍显不足，区域金融创新综合得分略显平庸，且具有一定的提升空间。潜力型省区市区域金融创新综合得分低于0.1072，包括江西、湖南、内蒙古、河北、贵州、广西、黑龙江、西藏、甘肃、青海和云南11个省区，得分分别为0.1070、0.1061、0.1043、0.0966、0.0940、0.0889、0.0872、0.0819、0.0715、0.0591和0.0569，占所考察省份总数的35.48%，这些省区区域金融创新过程中对金融创新相关理念和要求强调不足，区域金融创新综合得分较为落后，具有很大提升空间。尤其是广西、西藏、甘肃、青海和云南5个省区，2017年这些省区区域金融创新的各个子系统得分均排在全国末尾，亟待调整金融发展理念，从而真正实现区域金融创新的高质量发展。

为进一步剖析我国东、中、西部区域金融创新综合水平的区域差异规律，分别计算 2017 年三大地区区域金融创新综合得分的平均值，其中，东部区域金融创新综合得分均值为 0. 3609，在较高程度上领先全国均值 0. 2030，领先幅度为 0. 1579；中部区域金融创新综合得分均值为 0. 1278，显著落后于全国均值 0. 2030，落后幅度为 0. 0752；西部区域金融创新综合得分均值为 0. 1083，较大落后于全国均值 0. 2030，落后幅度为 0. 0947；总体来看，区域金融创新综合水平由东部地区向西部地区逐步降低，呈现较为明显的“东高、中匀、西低”区域分布格局。同时，将区域金融创新综合水平隶属于明星型、一般型和潜力型三种类型的省区市按照东部、中部和西部地区进行区域划分，结果如表2 – 3所示。由表 2 – 3 可清晰看出隶属于区域金融创新明星型的 5 个省市全部位于东部地区，占东部地区省区市总数的 45. 45%，进一步表明东部地区多数省区市区域金融创新综合水平表现较为优越；隶属于区域金融创新一般型的 15 个省区市中有 5 个位于中部地区，占中部地区省区市总数的 62. 5%，进一步表明中部地区多数省区市区域金融创新表现较为平庸；隶属于区域金融创新潜力型的 11 个省区市中有 7 个位于西部地区，占西部地区省区市总数的 58. 33%，进一步表明西部地区多数省区市区域金融创新能力较弱。而且，除河北以外，东部地区其余省区市均隶属于区域金融创新明星型或一般型；除江西、湖南和黑龙江外，中部地区其余省区市均隶属于区域金融创新一般型；而西部地区的12个省区市均隶属于区域金融创新一般型或潜力型，这一等级类型区域分布结果进一步表明中国区域金融创新具有明显的空间差异分布特征，东部地区最优，中部地区次之，西部地区最为落后。

表2-3　2017年三种类型区域金融创新省区市的区域分布

类型/地区	东部地区	中部地区	西部地区
明星型	北京、上海、天津、浙江、广东	—	—
一般型	江苏、辽宁、海南、福建、山东	湖北、山西、安徽、吉林、河南	重庆、陕西、宁夏、四川、新疆
潜力型	河北	江西、湖南、黑龙江	内蒙古、贵州、广西、西藏、甘肃、青海、云南

第三章 区域金融创新省际空间差异特征

由于我国东部、中部和西部地区在经济基础、产业结构、社会发展和生态条件等方面具有显著非均衡性，因而内涵多维内容的区域金融创新发展水平也难免存在地区差异特征。倘若区域金融创新发展水平的地区差异长期存在，则势必会降低我国区域金融创新发展的战略意义。所以客观揭示区域金融创新发展水平的地区差异，对实施稳健均衡的金融创新推进政策有着重要的意义。

一、研究方法

（1）变异系数方法。变异系数是测度数据差异的常用方法，用来衡量我国省际区域金融创新的相对差异程度，计算公式为：

$$CV = \frac{\sigma}{\bar{x}} \tag{3-1}$$

其中，CV 是变异系数；σ 是区域金融创新的标准差；$\bar{x}$ 是区域金融创新得分均值。

（2）σ 系数方法。σ 系数用于测度各个省际区域金融创新的绝对差异，其计算公式为：

$$\sigma = \sqrt{\sum_{i=1}^{n} (x_i - \bar{x})^2 / N} \tag{3-2}$$

其中，x_i 代表省域研究单元 i 的区域金融创新得分，$\bar{x}$ 代表区域金融创新得分均值，N 代表各省际单元的个数。

（3）全域空间自相关方法。采用 Global Moran's I 指数反映省际区域金融创新空间关联程度的总体特征，其值介于 -1 和 1 之间，计算公式如下：

$$I = \frac{n\sum_{i=1}^{n}\sum_{j=1}^{n}W_{ij}(x_i - \bar{x})(x_j - \bar{x})}{\sum_{i=1}^{n}\sum_{j=1}^{n}W_{ij}\sum_{i=1}^{n}(x_j - \bar{x})^2} \tag{3-3}$$

其中，n 为省域研究单元个数，x_i、x_j 分别为省域 i 和省域 j 的区域金融创新得分值；W_{ij} 为空间权重矩阵，用以定义空间单元的相互临接关系，当省域 i 和省域 j 相邻时 W_{ij} 取 1，当省域 i 和省域 j 不相邻时 W_{ij} 取 0。若 I 值显著大于 0，说明区域间呈集聚分布；若 I 值显著小于 0，说明区域间呈离散分布；I 值越大，说明空间自相关度越高。

（4）局部空间自相关方法。考虑到区域存在异质性，引入 Local Moran's I 指数以反映我国省际区域金融创新的局部空间分异情况，计算公式如下：

$$I_i = \frac{n(x_i - \bar{x})\sum_{i=1}^{n}W_{ij}(x_j - \bar{x})}{\sum_{i=1}^{n}(x_j - \bar{x})^2} = Z_i\sum_{j=1}^{n}W_{ij}Z_j \tag{3-4}$$

其中，Z_i、Z_j 均表示属性数据的标准化形式，其余变量含义与式（3-3）保持一致。在特定置信水平下，若 I_i 和 Z_i 均大于 0，说明高值区域 i 被周边其他高值区域包围，则区域 i 位于 HH 象限；若 I_i 大于 0 且 Z_i 小于 0，说明低值区域 i 被周边其他低值区域包围，则区域 i 位于 LL 象限；若 I_i 小于 0 且 Z_i 大于 0，说明高值区域 i 被周边其他低值区域包围，则区域 i 位于 HL 象限；若 I_i 小于 0 且 Z_i 小于 0，说明低值区域 i 被周边其他高值区域包围，则区域 i 位于 LH 象限。

（5）泰尔指数方法。借助泰尔指数对我国区域金融创新的总体差异进行空间结构分解，分别考察东、中、西部三大经济地带内部各个省区市以及三大地带之间的差距情况，及各差异在区域金融创新总体差距中的占比。将数据分组后，泰尔指数可将总体差距分解成组内和组间差距。计算公式如下：

$$T = \left[\sum_{k=1}^{m} S_k \cdot T_k\right] + \left[\sum_{k=1}^{m} S_k \cdot \ln\left(\frac{\overline{F_k}}{\overline{\overline{F}}}\right)\right] \tag{3-5}$$

其中，T_k 为第 k 组的泰尔指数，S_k 为第 k 组的泰尔权重，m 为分组组数。等式右边第一项表示各个组泰尔指数的加权平均和，用于衡量组内差距；等式右边第二项表示各个组均值的加权平均和，用于衡量组间差距。具体地，我国东、中、西部区域金融创新的区域内差距和区域间差距计算公式分别如下：

$$T_j = \sum_{i=1}^{n}\left[\frac{F_i}{F_j} \cdot \ln\left(\frac{F_i}{\overline{\overline{F_j}}}\right)\right] \tag{3-6}$$

其中，T_j 为第 j 个地带的区域内差距，j = E，M，W 分别表示东、中、西部地区，i 表示三大地带内部包含的省区市数量，F_i 表示地带内第 i 个省区市的区域金融创新得分，F_j 表示第 j 个地带的区域金融创新总得分，$\overline{F_j}$ 表示第 j 个地带的区域金融创新得分均值。

$$T_I = \frac{F_E}{F} \cdot \ln\left(\frac{\overline{F_E}}{\overline{\overline{F}}}\right) + \frac{F_M}{F} \cdot \ln\left(\frac{\overline{F_M}}{\overline{\overline{F}}}\right) + \frac{F_W}{F} \cdot \ln\left(\frac{\overline{F_W}}{\overline{\overline{F}}}\right) \tag{3-7}$$

其中，T_I 为我国区域金融创新的区域间差距，F 表示我国省际区域金融创新总得分，$\overline{F}$ 表示我国省际区域金融创新得分均值；F_E 表示东部区域金融创新总得分，$\overline{F_E}$ 表示东部区域金融创新得分均值；F_M 表示中部区域金融创新总得分，$\overline{F}_M$ 表示中部区域金融创新得分均值；F_W 表示西部区域金融创新总得分，$\overline{F}_W$ 表示西部区域金融创新得分均值。

根据上述的区域金融创新区域内差距以及区域间差距，容易得到用于衡量总体差距的泰尔指数，计算公式如下：

$$T = \frac{F_E}{F} \cdot T_E + \frac{F_M}{F} \cdot T_M + \frac{F_W}{F} \cdot T_W + T_I \qquad (3-8)$$

二、区域金融创新省际差异时序演变特征

（一）区域金融创新各子系统时序演变特征

基于测算得到的 2012～2017 年五个区域金融创新子系统得分，分别计算历年 σ 系数、变异系数以及泰尔指数，各差异指标变化趋势如表 3－1、表 3－2 所示。

表 3－1　2012～2017 年五个子系统创新得分的 σ 系数

年份	金融市场创新	金融机构创新	金融产品创新	金融技术创新	金融监管创新
2012	0.1804	0.1556	0.1984	21.9759	0.1179
2013	0.1832	0.1582	0.1833	25.7521	0.1191
2014	0.1807	0.1610	0.1818	23.0801	0.1213
2015	0.1820	0.1452	0.1816	22.5636	0.1125
2016	0.1813	0.1601	0.2055	20.8449	0.1154
2017	0.1881	0.1617	0.1822	23.6715	0.1343

绝对差异方面，金融市场创新系统的σ系数呈波状型变动，具体为“上升—下降—上升—下降—上升”态势，总体上金融市场创新系统的绝对差异呈上升趋势，2012～2017年上升了4.30%。金融机构创新系统的σ系数呈“N”形变化趋势，在2012～2014年呈上升趋势，2014～2015年呈下降态势，2015～2017年呈上升态势，总体上金融机构创新系统的σ系数呈上升态势，2012～2017年上升了3.91%。金融产品创新系统的σ系数呈斜“N”形变化趋势，2012～2015年始终呈下降趋势，由0.1984降至0.1816，2016年升至0.2055后2017年又降至0.1822，总体上金融产品创新系统的σ系数呈缩减态势，减幅为8.16%。金融技术创新系统的σ系数呈“N”形变化趋势，2012～2013年呈上升态势，2013～2016年呈下降态势，2016～2017年呈上升态势，总体上金融技术创新系统的σ系数呈上升态势，2012～2017年上升了7.72%。金融监管创新系统的σ系数同样呈“N”形变化趋势，2012～2014年呈上升态势，2014～2015年呈下降态势，2015～2017年呈上升态势，总体上金融技术创新系统的σ系数呈上升态势，2012～2017年上升了13.91%。

总的来看，我国金融创新五个子系统的绝对差异变动情况不一，除金融产品创新系统的绝对差异出现缩减外，其余四个创新子系统的绝对差异均呈上升态势，且金融监管创新系统的增幅最大，金融技术创新系统次之，金融市场创新系统和金融机构创新系统分列第三、第四位。

相对差异方面，金融市场创新系统的变异系数和泰尔指数均呈“W”形变化趋势，它们均在2012～2014年和

2015～2016年两个时间段呈下降趋势，在2014～2015年和2016～2017年两个时间段呈上升趋势，总体上金融市场创新系统的变异系数下降了6.70%，泰尔指数下降了5.39%。金融机构创新系统的变异系数和泰尔指数也均呈“W”形变化趋势，它们均在2012～2014年和2015～2016年两个时间段呈下降趋势，在2014～2015年和2016～2017年两个时间段呈上升趋势，总体上金融市场创新系统的变异系数下降了6.91%，泰尔指数下降了9.07%。金融产品创新系统的变异系数呈“M”形变化趋势，具体为“上升—下降—上升—下降”态势，金融产品创新系统的泰尔指数均呈倒“U”形变化趋势，在2012～2013年呈上升态势，2013～2017年呈不断下降态势，总体上变异系数和泰尔指数分别下降了12.54%和27.46%。金融技术创新系统的变异系数和泰尔指数均呈不断下降态势，2012～2017年变异系数减幅为60.52%，泰尔指数减幅为84.23%。金融监管创新系统的变异系数和泰尔指数均呈“W”形变化趋势，具体为“下降—上升—下降—上升”态势，总体上变异系数上升了14.07%，泰尔指数上升了34.86%。总的来看，我国金融创新五个子系统的相对差异变动情况有所不同，除了金融监管创新系统的相对差异有所扩大外，其余四个子系统的相对差异均呈现出不同程度的缩小，其中金融技术创新系统变异系数和泰尔指数的减幅均最大，金融产品创新系统变异系数和泰尔指数的减幅均排第二，金融机构创新系统变异系数和泰尔指数的减幅均排第三，金融市场创新系统变异系数和泰尔指数的减幅均为最小。

表 3 – 2　2012 ~ 2017 年五个子系统创新得分的变异系数和泰尔指数

年份	金融市场创新		金融机构创新		金融产品创新		金融技术创新		金融监管创新	
	变异系数	泰尔指数	变异系数	泰尔指数	变异系数	泰尔指数	变异系数	泰尔指数	变异系数	泰尔指数
2012	1.0059	0.3090	1.6062	0.7103	0.9709	0.3533	0.2241	0.0233	0.2060	0.0216
2013	0.9671	0.2877	1.4133	0.5852	1.1111	0.4333	0.1685	0.0132	0.1858	0.0179
2014	0.9166	0.2611	1.3699	0.5467	1.0387	0.3835	0.1305	0.0080	0.1994	0.0205
2015	0.9713	0.2879	1.5602	0.6824	1.0594	0.3755	0.1043	0.0051	0.1837	0.0172
2016	0.9326	0.2846	1.4577	0.6184	0.9553	0.3319	0.0920	0.0040	0.2053	0.0217
2017	0.9384	0.2924	1.4952	0.6458	0.8491	0.2563	0.0885	0.0037	0.2350	0.0292

（二）区域金融创新综合水平时序演变特征

基于测算得到的 2012 ~ 2017 年 31 个省域的区域金融创新综合得分，分别计算历年 σ 系数、变异系数、泰尔指数以及首位度，各差异指标变化趋势如表 3 – 3 所示。

具体地，绝对差异方面，σ 系数在 2012 ~ 2015 年呈不断下降态势，从 0.2074 降至 0.1886，降幅达到 9.08%，2016 年又升至 0.1967，到 2017 年再次回落至 0.1884，总体看来，我国区域金融创新的 σ 系数呈显著缩减趋势，减幅为 9.20%，说明我国区域金融创新的绝对差异呈缩小态势。

相对差异方面，我国区域金融创新的变异系数和泰尔指数呈现出一致的变化趋势，均呈“先降—后升—再降”态势，具体地，变异系数先由 2012 年的 1.0491 降至 2014 年的 0.9688，后升至 2015 年的 1.0422，再不断降至 2017 年的 0.9434，总体上变异系数呈下降趋势，降幅为 10.08%；泰尔指数先由2012年的0.3477降至2014年的0.3032，后升至2015年的0.3464，再不断降至2017年的0.3041，总体上泰尔指数也呈下降趋势，降幅为12.53%。变异系数和泰尔指数的不断缩减趋势意味着我国区域金融创新的相对差异也呈缩小态势。

观察我国区域金融创新首位度，2012～2013年呈微降态势，2013～2015年呈不断上升趋势，2015～2017年呈不断下降态势，虽然2012～2017年我国区域金融创新"一家独大"的局面有所恶化，但总体上2012～2017年我国区域金融创新首位度降幅达到37.30%，这意味着区域金融创新较强省区市追赶金融创新强省区市的态势较好。

表3-3　2012～2017年我国区域金融创新的σ系数、变异系数、泰尔指数以及首位度

年份	σ系数	变异系数	泰尔指数	首位度
2012	0.2074	1.0491	0.3477	1.7363
2013	0.2035	1.0092	0.3259	1.7344
2014	0.1906	0.9688	0.3032	1.8208
2015	0.1886	1.0422	0.3464	1.8805
2016	0.1967	0.9835	0.3222	1.5774
2017	0.1884	0.9434	0.3041	1.0886

综上所述，不管是绝对差异，还是相对差异和首位度，从分析中不难看出我国各省区市之间区域金融创新的差异越来越小，但差距依然存在，意味着亟须实施富有针对性的政策，一方面能够提升省际区域金融创新能力，另一方面能够较好地进一步缩小省区市之间的差异。

三、区域金融创新省际差异空间演变特征

（一）区域金融创新子系统空间分异

基于区域金融创新各子系统综合评价得分，并根据第二章里的分类规则，继续将31个省区市划分为明星型（得分≥M+0.5SD）、一般型（M-0.5SD≤得分≤M+0.5SD）和潜力型（得分≤M-0.5SD）三种类型，然后分别计算统计2012~2017年6个年度各个类型省区市的变化情况，以期揭示金融创新各子系统空间分异特征。

1. 金融市场创新

2012~2017年我国31个省区市金融市场创新水平排序情况（依大到小排序）如表3-4所示。

表3-4　2012~2017年我国31个省区市金融市场创新水平排序

省区市	2012年	省区市	2013年	省区市	2014年	省区市	2015年	省区市	2016年	省区市	2017年
北京	0.9457	北京	1.0000	北京	1.0000	北京	1.0000	北京	0.9629	北京	1.0000
上海	0.7062	上海	0.6581	上海	0.6486	上海	0.6333	上海	0.6583	上海	0.6606
浙江	0.2922	浙江	0.3414	浙江	0.3462	浙江	0.3424	浙江	0.3554	浙江	0.4276
天津	0.2450	天津	0.2585	天津	0.2737	广东	0.2669	广东	0.3109	江苏	0.3285
广东	0.2200	广东	0.2422	江苏	0.2520	天津	0.2638	天津	0.2875	广东	0.2863
西藏	0.1988	江苏	0.2292	广东	0.2448	江苏	0.2367	江苏	0.2822	天津	0.2774
江苏	0.1985	福建	0.1987	福建	0.2026	福建	0.2037	海南	0.2525	辽宁	0.2026
新疆	0.1827	新疆	0.1953	海南	0.1956	辽宁	0.1953	福建	0.2186	山西	0.1845
福建	0.1731	重庆	0.1757	新疆	0.1933	山西	0.1772	辽宁	0.1882	福建	0.1807
山西	0.1670	辽宁	0.1755	辽宁	0.1916	海南	0.1734	重庆	0.1757	新疆	0.1774
辽宁	0.1603	山西	0.1749	重庆	0.1906	新疆	0.1649	新疆	0.1734	湖南	0.1763
重庆	0.1548	海南	0.1648	宁夏	0.1801	重庆	0.1648	山东	0.1587	西藏	0.1698

续表

省区市	2012年	省区市	2013年	省区市	2014年	省区市	2015年	省区市	2016年	省区市	2017年
青海	0.1382	青海	0.1580	山西	0.1797	山东	0.1531	宁夏	0.1581	山东	0.1619
海南	0.1381	宁夏	0.1530	青海	0.1781	宁夏	0.1528	山西	0.1537	吉林	0.1583
甘肃	0.1337	西藏	0.1482	陕西	0.1614	陕西	0.1327	四川	0.1427	宁夏	0.1562
宁夏	0.1336	山东	0.1480	山东	0.1574	吉林	0.1300	湖北	0.1355	海南	0.1545
内蒙古	0.1310	陕西	0.1413	湖北	0.1446	四川	0.1288	黑龙江	0.1304	陕西	0.1537
山东	0.1299	内蒙古	0.1329	内蒙古	0.1344	青海	0.1285	河北	0.1290	湖北	0.1513
河南	0.1270	四川	0.1317	四川	0.1311	黑龙江	0.1279	吉林	0.1271	黑龙江	0.1475
湖北	0.1252	湖北	0.1256	湖南	0.1253	内蒙古	0.1257	陕西	0.1268	安徽	0.1470
陕西	0.1222	甘肃	0.1181	黑龙江	0.1244	河北	0.1204	湖南	0.1267	四川	0.1454
四川	0.1154	吉林	0.1149	安徽	0.1235	湖南	0.1048	内蒙古	0.1180	青海	0.1437
吉林	0.1095	河南	0.1141	河北	0.1120	湖北	0.1045	西藏	0.1130	河北	0.1246
湖南	0.1038	黑龙江	0.1102	吉林	0.1082	西藏	0.1004	安徽	0.1128	内蒙古	0.1135
黑龙江	0.1037	河北	0.1087	西藏	0.1030	安徽	0.1001	甘肃	0.0976	重庆	0.1116
安徽	0.1000	安徽	0.1079	甘肃	0.0995	甘肃	0.0954	青海	0.0883	河南	0.0932
河北	0.0974	湖南	0.1078	河南	0.0962	江西	0.0899	河南	0.0864	甘肃	0.0901
江西	0.0700	云南	0.0708	云南	0.0917	河南	0.0885	贵州	0.0851	江西	0.0582
云南	0.0567	江西	0.0679	贵州	0.0836	云南	0.0770	江西	0.0764	云南	0.0577
广西	0.0380	贵州	0.0479	广西	0.0726	贵州	0.0618	云南	0.0478	贵州	0.0512
贵州	0.0328	广西	0.0471	江西	0.0671	广西	0.0608	广西	0.0468	广西	0.0254

根据分类标准，2012年，明星型金融市场创新省区市得分高于0.2739，包括北京、上海以及浙江等3个省市，一般型省区市得分介于0.0906和0.2739之间，包括天津、广东、西藏、江苏、新疆、福建、山西、辽宁等24个省区市，潜力型省区市得分低于0.0906，包括江西、云南、广西和贵州等4个省区。2013年，明星型金融市场创新省区市得分高于0.2856，包括北京、上海以及浙江等3个省市，一般型

省区市得分介于0.0994和0.2856之间，包括天津、广东、江苏、福建、新疆、重庆、辽宁、山西等24个省区市，潜力型省区市得分低于0.0994，包括云南、江西、贵州、广西等4个省区。2014年，明星型金融市场创新省区市得分高于0.2923，包括北京、上海以及浙江等3个省市，一般型省区市得分介于0.1086和0.2923之间，包括天津、江苏、广东、福建、海南、新疆、辽宁、重庆等20个省区市，潜力型省区市得分低于0.1086，包括吉林、西藏、甘肃、河南、云南、贵州、广西、江西等8个省区。2015年，明星型金融市场创新省区市得分高于0.2830，包括北京、上海以及浙江等3个省市，一般型省区市得分介于0.0980和0.2830之间，包括广东、天津、江苏、福建、辽宁、山西、海南、新疆等22个省区市，潜力型省区市得分低于0.0980，包括甘肃、江西、河南、云南、贵州、广西等6个省区。2016年，明星型金融市场创新省区市得分高于0.2898，包括北京、上海、浙江以及广东等4个省市，一般型省区市得分介于0.1055和0.2898之间，包括天津、江苏、海南、福建、辽宁、重庆、新疆、山东等20个省区市，潜力型省区市得分低于0.1055，包括甘肃、青海、河南、贵州、江西、云南、广西等7个省区。2017年，明星型金融市场创新省区市得分高于0.2994，包括北京、上海、浙江以及江苏等4个省市，一般型省区市得分介于0.1082和0.2994之间，包括广东、天津、辽宁、山西、福建、新疆、湖南、西藏等21个省区市，潜力型省区市得分低于0.1082，包括河南、甘肃、江西、云南、贵州、广西等6个省区。

从2012~2017年我国省际金融市场创新的时空分布看，

高水平的明星型金融市场创新省区市数较少且主要分布在北京、上海、浙江等经济发达地区，而低水平的一般型及潜力型金融市场创新省区市数较多且主要分布在中西部欠发达地区，由此反映出我国省际金融市场创新两极分化现象突出。

2. 金融机构创新

2012~2017年我国31个省区市金融机构创新水平排序情况（依大到小排序）如表3-5所示。

表3-5　2012~2017年我国31个省区市金融机构创新水平排序

省区市	2012年	省区市	2013年	省区市	2014年	省区市	2015年	省区市	2016年	省区市	2017年
北京	0.6640	北京	0.6343	上海	0.7201	上海	0.6847	上海	0.7493	上海	0.7348
上海	0.5427	上海	0.6136	北京	0.5969	北京	0.4794	天津	0.4907	天津	0.5173
天津	0.4791	天津	0.5057	天津	0.4517	天津	0.3362	北京	0.4745	北京	0.4846
内蒙古	0.1319	内蒙古	0.1443	浙江	0.1557	宁夏	0.2257	广东	0.1942	广东	0.2030
浙江	0.1122	浙江	0.1315	宁夏	0.1333	广东	0.1138	青海	0.1268	浙江	0.1090
宁夏	0.0835	宁夏	0.1305	广东	0.1285	浙江	0.0895	甘肃	0.1189	宁夏	0.1047
广东	0.0789	江苏	0.1092	内蒙古	0.1159	安徽	0.0767	宁夏	0.1132	甘肃	0.1034
江苏	0.0729	广东	0.0935	吉林	0.1034	辽宁	0.0686	浙江	0.0999	吉林	0.0942
福建	0.0605	辽宁	0.0871	辽宁	0.1013	内蒙古	0.0662	内蒙古	0.0898	江苏	0.0932
重庆	0.0587	重庆	0.0754	江苏	0.0991	吉林	0.0650	福建	0.0851	辽宁	0.0855
辽宁	0.0566	吉林	0.0743	新疆	0.0906	江苏	0.0599	广西	0.0815	内蒙古	0.0828
吉林	0.0546	新疆	0.0706	重庆	0.0828	新疆	0.0523	吉林	0.0805	福建	0.0741
安徽	0.0522	甘肃	0.0699	广西	0.0786	重庆	0.0511	辽宁	0.0678	重庆	0.0657
四川	0.0437	安徽	0.0684	安徽	0.0709	福建	0.0496	新疆	0.0638	新疆	0.0645
云南	0.0412	广西	0.0635	贵州	0.0676	甘肃	0.0471	重庆	0.0634	青海	0.0504
黑龙江	0.0410	山西	0.0577	甘肃	0.0562	青海	0.0422	江苏	0.0626	贵州	0.0476
山西	0.0405	贵州	0.0553	山西	0.0530	贵州	0.0405	安徽	0.0482	安徽	0.0468
江西	0.0401	云南	0.0542	四川	0.0523	山东	0.0375	贵州	0.0476	山东	0.0419
新疆	0.0396	福建	0.0523	云南	0.0511	广西	0.0371	山西	0.0414	山西	0.0410
广西	0.0396	四川	0.0504	湖北	0.0510	湖北	0.0325	山东	0.0398	陕西	0.0405

续表

省区市	2012 年	省区市	2013 年	省区市	2014 年	省区市	2015 年	省区市	2016 年	省区市	2017 年
甘肃	0.0380	江西	0.0483	青海	0.0509	山西	0.0315	海南	0.0361	海南	0.0395
山东	0.0375	山东	0.0454	江西	0.0508	云南	0.0303	湖北	0.0348	广西	0.0377
湖北	0.0372	湖北	0.0428	山东	0.0492	四川	0.0301	江西	0.0336	湖北	0.0348
贵州	0.0338	黑龙江	0.0409	福建	0.0477	陕西	0.0275	四川	0.0330	河北	0.0322
陕西	0.0323	河南	0.0401	河南	0.0454	江西	0.0275	陕西	0.0320	江西	0.0313
海南	0.0321	海南	0.0384	海南	0.0445	海南	0.0271	河北	0.0318	四川	0.0308
河南	0.0293	河北	0.0373	河北	0.0426	河北	0.0270	云南	0.0313	黑龙江	0.0283
青海	0.0282	陕西	0.0309	黑龙江	0.0389	黑龙江	0.0236	黑龙江	0.0280	云南	0.0279
河北	0.0211	青海	0.0274	陕西	0.0306	西藏	0.0227	河南	0.0275	河南	0.0250
湖南	0.0193	西藏	0.0179	西藏	0.0267	河南	0.0207	西藏	0.0215	西藏	0.0231
西藏	0.0106	湖南	0.0161	湖南	0.0154	湖南	0.0090	湖南	0.0124	湖南	0.0119

根据分类标准，2012 年，明星型金融机构创新省区市得分高于0.1776，包括北京、上海以及天津 3 市，一般型省区市得分介于 0.0194 和 0.1776 之间，包括内蒙古、浙江、宁夏、广东、江苏、福建、重庆、辽宁等 26 个省区市，潜力型省区市得分低于 0.0194，仅包括湖南和西藏 2 个省区。2013 年，明星型金融机构创新省区市得分高于 0.1942，包括北京、上海以及天津 3 市，一般型省区市得分介于 0.0334 和 0.1942 之间，包括内蒙古、浙江、宁夏、江苏、广东、辽宁、重庆、吉林等 24 个省区市，潜力型省区市得分低于 0.0334，包括陕西、青海、西藏、湖南 4 个省区。2014 年，明星型金融机构创新省区市得分高于 0.2013，包括上海、北京以及天津 3 市，一般型省区市得分介于 0.0376 和 0.2013 之间，包括浙江、宁夏、广东、内蒙古、吉林、辽宁、江

苏、新疆等25个省区市，潜力型省区市得分低于0.0376，包括陕西、西藏、湖南3个省区。2015年，明星型金融机构创新省区市得分高于0.1684，包括上海、北京、天津以及宁夏4个区市，一般型省区市得分介于0.0208和0.1684之间，包括广东、浙江、安徽、辽宁、内蒙古、吉林、江苏、新疆等25个省区市，潜力型省区市得分低于0.0208，仅包括河南以及湖南2个省份。2016年，明星型金融机构创新省区市得分高于0.1930，包括上海、天津、北京以及广东等4个省市，一般型省区市得分介于0.0303和0.1930之间，包括青海、甘肃、宁夏、浙江、内蒙古、福建、广西、吉林等23个省区市，潜力型省区市得分低于0.0303，包括黑龙江、河南、西藏、湖南4个省区。2017年，明星型金融机构创新省区市得分高于0.1921，包括上海、天津、北京以及广东等4个省市，一般型省区市得分介于0.0277和0.2987之间，包括浙江、宁夏、甘肃、吉林、江苏、辽宁、内蒙古、福建等24个省区市，潜力型省区市得分低于0.0277，包括河南、西藏、湖南3个省区。

从2012~2017年我国省际金融机构创新的时空分布看，高水平的明星型金融机构创新省区市数较少且主要分布在北京、上海、天津等经济发达地区，而低水平的一般型及潜力型金融机构创新省区市数较多且主要分布在中西部欠发达地区，由此反映出我国省际金融机构创新两极分化现象突出。

3. 金融产品创新

2012~2017年我国31个省区市金融产品创新水平排序情况（依大到小排序）如表3-6所示。

表 3-6　2012~2017 年我国 31 个省区市金融产品创新水平排序

省区市	2012 年	省区市	2013 年	省区市	2014 年	省区市	2015 年	省区市	2016 年	省区市	2017 年
北京	0.8321	北京	0.8629	北京	0.8710	北京	0.8619	北京	0.9253	北京	0.9981
上海	0.7614	上海	0.6237	天津	0.5598	上海	0.6028	上海	0.7613	天津	0.4813
浙江	0.5879	天津	0.4770	上海	0.5551	天津	0.5716	天津	0.6345	上海	0.4672
天津	0.5010	浙江	0.3297	江苏	0.3314	辽宁	0.3148	辽宁	0.3915	浙江	0.4460
江苏	0.3252	江苏	0.2931	浙江	0.2864	江苏	0.2745	江苏	0.3748	江苏	0.3101
福建	0.3098	福建	0.2144	辽宁	0.2572	浙江	0.2404	浙江	0.3443	辽宁	0.3026
黑龙江	0.2604	重庆	0.2127	重庆	0.2383	福建	0.1725	海南	0.2828	海南	0.2920
山东	0.2256	辽宁	0.2097	广东	0.2354	广东	0.1712	山东	0.2318	广东	0.2601
重庆	0.2221	广东	0.2050	山西	0.2029	贵州	0.1659	福建	0.2297	山东	0.2554
辽宁	0.2215	山西	0.1978	福建	0.1740	山东	0.1570	广东	0.2209	山西	0.2427
广东	0.2153	山东	0.1526	山东	0.1631	重庆	0.1530	重庆	0.1789	宁夏	0.2017
山西	0.1560	陕西	0.1204	湖北	0.1479	湖北	0.1433	陕西	0.1743	新疆	0.2017
四川	0.1482	四川	0.1160	陕西	0.1271	山西	0.1305	山西	0.1678	湖北	0.2003
内蒙古	0.1420	湖北	0.1102	内蒙古	0.1232	宁夏	0.1194	青海	0.1629	贵州	0.1813
河北	0.1404	河北	0.1076	宁夏	0.1210	青海	0.1119	内蒙古	0.1492	陕西	0.1777
陕西	0.1361	宁夏	0.0971	河北	0.1180	海南	0.1068	吉林	0.1479	重庆	0.1770
青海	0.1272	内蒙古	0.0962	四川	0.1175	四川	0.1059	贵州	0.1387	四川	0.1600
宁夏	0.1248	海南	0.0930	吉林	0.1041	陕西	0.1054	湖北	0.1369	福建	0.1402
海南	0.1237	吉林	0.0770	海南	0.0815	吉林	0.0934	安徽	0.1221	江西	0.1390
湖北	0.1109	青海	0.0752	河南	0.0776	甘肃	0.0932	江西	0.1201	吉林	0.1364
云南	0.0977	黑龙江	0.0630	安徽	0.0751	安徽	0.0927	四川	0.1190	内蒙古	0.1287
吉林	0.0976	甘肃	0.0577	江西	0.0682	内蒙古	0.0867	宁夏	0.1137	青海	0.1112
新疆	0.0911	安徽	0.0576	贵州	0.0654	河南	0.0845	甘肃	0.1085	安徽	0.1062
江西	0.0822	云南	0.0562	广西	0.0652	江西	0.0699	河南	0.1050	河南	0.1048
甘肃	0.0796	贵州	0.0550	甘肃	0.0639	广西	0.0659	新疆	0.0790	甘肃	0.0920
安徽	0.0684	江西	0.0543	青海	0.0621	湖南	0.0599	河北	0.0786	西藏	0.0870
贵州	0.0680	广西	0.0512	新疆	0.0565	云南	0.0591	湖南	0.0614	广西	0.0861
广西	0.0634	新疆	0.0511	湖南	0.0558	新疆	0.0576	黑龙江	0.0604	云南	0.0692
湖南	0.0536	河南	0.0432	云南	0.0519	黑龙江	0.0466	西藏	0.0561	黑龙江	0.0689
河南	0.0509	湖南	0.0363	黑龙江	0.0462	河北	0.0457	云南	0.0547	湖南	0.0687
西藏	0.0147	西藏	0.0025	西藏	0.0124	西藏	0.0379	广西	0.0482	河北	0.0678

根据分类标准，2012 年，明星型金融产品创新省区市得分高于0.3085，包括北京、上海、浙江、天津、江苏以及福建6个省市，一般型省区市得分介于0.1068 和0.3085之间，包括黑龙江、山东、重庆、辽宁、广东、山西、四川、内蒙古等14个省区市，潜力型省区市得分低于0.1068，包括云南、吉林、新疆、江西、甘肃、安徽、贵州、广西、湖南、河南、西藏等11个省区市。2013 年，明星型金融产品创新省区市得分高于0.2609，包括北京、上海、天津、浙江以及江苏 5 个省市，一般型省区市得分介于0.0745 和0.2609之间，包括福建、重庆、辽宁、广东、山西、山东、陕西、四川等15个省区市，潜力型省区市得分低于0.0745，包括黑龙江、甘肃、安徽、云南、贵州、江西、广西、新疆、河南、湖南、西藏11个省区。2014 年，明星型金融产品创新省区市得分高于0.2703，包括北京、天津、上海、江苏以及浙江 5 个省市，一般型省区市得分介于0.0855 和0.2703之间，包括辽宁、重庆、广东、山西、福建、山东、湖北、陕西等13个省区市，潜力型省区市得分低于0.0855，包括海南、河南、安徽、江西、贵州、广西、甘肃、青海等13个省区市。2015 年，明星型金融产品创新省区市得分高于0.2666，包括北京、上海、天津、辽宁以及江苏 5 个省市，一般型省区市得分介于0.0820 和0.2666之间，包括浙江、福建、广东、贵州、山东、重庆、湖北、山西等 18 个省区市，潜力型省区市得分低于0.0820，包括江西、广西、湖南、云南、新疆、黑龙江、河北、西藏 8 个省区。2016 年，明星型金融产品创新省区市得分高于0.3232，包括北京、上海、天津、辽宁、江苏以及浙江6个省市，一般型省区市得分介于0.1142和0.3232之间，包括海南、山东、福建、广东、重庆、陕西、山西、青海等15个省区市，潜力型省区市得分低于0.1142，包括宁夏、甘肃、河南、新疆、河北、湖南、黑龙江、西藏、云南、广西等10个省区。2017年，明星型金融产品创新省区市得分高于0.3107，包括北京、天津、上海以及浙江4个省市，一般型省区市得分介于0.1255和0.3107之间，包括江苏、辽宁、海南、广东、山东、山西、宁夏、新疆等17个省区市，潜力型省区市得分低于0.1255，包括青海、安徽、河南、甘肃、西藏、广西、云南、黑龙江、湖南、河北10个省区。

从2012~2017年我国省际金融产品创新的时空分布看，高水平的明星型金融产品创新省区市数较少且主要分布在北京、上海、天津等经济发达地区，而低水平的潜力型金融产品创新省区市数较多且主要分布在中西部欠发达地区，由此反映出我国省际金融产品创新两极分化现象突出。

4. 金融技术创新

2012~2017年我国31个省区市金融技术创新水平排序情况（依大到小排序）如表3-7所示。

表3-7　2012~2017年我国31个省区市金融技术创新水平排序

省区市	2012年	省区市	2013年	省区市	2014年	省区市	2015年	省区市	2016年	省区市	2017年
上海	150.77	上海	222.14	上海	239.53	上海	278.11	北京	286.37	上海	336.65
北京	150.65	北京	215.62	北京	235.36	北京	276.38	上海	282.22	北京	329.94
浙江	146.35	浙江	205.77	浙江	224.45	浙江	264.85	浙江	268.1	浙江	318.05
广东	127.06	广东	184.78	江苏	204.16	福建	245.21	江苏	253.75	福建	299.28
福建	123.21	福建	183.1	福建	202.59	江苏	244.01	福建	252.67	江苏	297.69
天津	122.96	江苏	180.98	广东	201.53	广东	240.95	广东	248	广东	296.17

续表

省区市	2012 年	省区市	2013 年	省区市	2014 年	省区市	2015 年	省区市	2016 年	省区市	2017 年
江苏	122.03	天津	175.26	天津	200.16	天津	237.53	天津	245.84	湖北	285.28
辽宁	103.53	湖北	164.76	湖北	190.14	海南	230.33	湖北	239.86	天津	284.03
海南	102.94	辽宁	160.07	辽宁	187.61	湖北	226.75	重庆	233.89	重庆	276.31
湖北	101.42	重庆	159.86	重庆	184.71	辽宁	226.4	山东	232.57	海南	275.64
山东	100.35	山东	159.3	山东	181.88	重庆	221.84	海南	231.56	山东	272.06
四川	100.13	海南	158.26	安徽	180.59	山东	220.66	辽宁	231.41	安徽	271.6
重庆	100.02	四川	153.04	海南	179.62	陕西	216.12	内蒙古	229.93	四川	267.8
陕西	98.24	安徽	150.83	陕西	178.73	四川	215.48	陕西	229.37	辽宁	267.18
安徽	96.63	陕西	148.37	江西	175.69	宁夏	214.7	安徽	228.78	江西	267.17
湖南	93.71	湖南	147.71	四川	173.82	内蒙古	214.55	四川	225.41	河南	266.92
山西	92.98	内蒙古	146.59	内蒙古	172.56	安徽	211.28	山西	224.81	陕西	266.85
江西	91.93	江西	146.13	黑龙江	167.8	黑龙江	209.93	江西	223.76	广西	261.94
内蒙古	91.68	河北	144.98	山西	167.66	江西	208.35	广西	223.32	湖南	261.12
广西	89.35	山西	144.22	湖南	167.27	吉林	208.2	河南	223.12	山西	259.95
河北	89.32	新疆	143.4	河南	166.65	广西	207.23	黑龙江	221.89	内蒙古	258.5
黑龙江	87.91	河南	142.08	广西	166.12	湖南	206.38	湖南	217.69	河北	258.17
吉林	87.23	广西	141.46	吉林	165.62	山西	206.3	云南	217.34	黑龙江	256.78
宁夏	87.13	黑龙江	141.4	宁夏	165.26	新疆	205.49	吉林	217.07	云南	256.27
云南	84.43	吉林	138.36	云南	164.05	河南	205.34	河北	214.36	宁夏	255.59
河南	83.68	云南	137.9	新疆	163.67	云南	203.76	宁夏	212.36	吉林	254.76
新疆	82.45	宁夏	136.74	河北	160.76	甘肃	199.78	贵州	209.45	贵州	251.46
甘肃	76.29	甘肃	128.39	甘肃	159.76	河北	199.53	新疆	208.72	新疆	248.69
贵州	75.87	贵州	121.22	贵州	154.62	青海	195.15	西藏	204.73	西藏	245.57
西藏	68.53	青海	118.01	青海	145.93	贵州	193.29	甘肃	204.11	甘肃	243.78
青海	61.47	西藏	115.1	西藏	143.91	西藏	186.38	青海	200.38	青海	240.2

根据分类标准，2012 年，明星型金融技术创新省区市得分高于110.86，包括上海、北京、浙江、广东、福建、天津以及江苏 7 个省市，一般型省区市得分介于 88.52 和110.86 之间，包括辽宁、海南、湖北、山东、四川、重庆、陕西、安徽等 14 个省区市，潜力型省区市得分低于 88.52，包括黑龙江、吉林、宁夏、云南、河南、新疆、甘肃、贵州、西藏、青海 10 个省区。2013 年，明星型金融技术创新省区市得分高于168.44，包括上海、北京、浙江、广东、福建、江苏以及天津 7 个省市，一般型省区市得分介于142.26和168.44之间，包括湖北、辽宁、重庆、山东、海南、四川、安徽、陕西等 14 个省区市，潜力型省区市得分低于142.26，包括河南、广西、黑龙江、吉林、云南、宁夏、甘肃、贵州、青海、西藏 10 个省区。2014 年，明星型金融技术创新省区市得分高于191.48，包括上海、北京、浙江、江苏、福建、广东、天津 7 个省市，一般型省区市得分介于168.02 和 191.48 之间，包括湖北、辽宁、重庆、山东、安徽、海南、陕西、江西、四川、内蒙古 10 个省区市，潜力型省区市得分低于 168.02，包括黑龙江、山西、湖南、河南、广西、吉林、宁夏、云南等 14 个省区市。2015 年，明星型金融技术创新省区市得分高于 231.48，包括上海、北京、浙江、福建、江苏、广东、天津 7 个省市，一般型省区市得分介于 208.54 和 231.48 之间，包括海南、湖北、辽宁、重庆、山东、陕西、四川、宁夏等 11 个省区市，潜力型省区市得分低于 208.54，包括江西、吉林、广西、湖南、山西、新疆、河南、云南等 13 个省区市。2016 年，明星型金融技术创新省区市得分高于241.01，包括北京、上海、浙江、江苏、福建、广东、天津7个省市，一般型省区市得分介于219.82和241.01之间，包括湖北、重庆、山东、海南、辽宁、内蒙古、陕西、安徽等14个省区市，潜力型省区市得分低于219.82，包括湖南、云南、吉林、河北、宁夏、贵州、新疆、西藏、甘肃、青海10个省区。2017年，明星型金融技术创新省区市得分高于284.01，包括上海、北京、浙江、福建、江苏、广东、湖北、天津8个省市，一般型省区市得分介于259.94和284.01之间，包括重庆、海南、山东、安徽、四川、辽宁、江西、河南等12个省区市，潜力型省区市得分低于259.94，包括内蒙古、河北、黑龙江、云南、宁夏、吉林、贵州、新疆、西藏、甘肃、青海11个省区。

从2012~2017年我国省际金融技术创新的时空分布看，高水平的明星型金融技术创新省区市数较少且主要分布在经济发达地区，而低水平的潜力型金融技术创新省区市数较多且主要分布在中西部欠发达地区，由此反映出我国省际金融技术创新两极分化现象突出。

5. 金融监管创新

2012~2017年我国31个省区市金融监管创新水平排序情况（依大到小排序）如表3-8所示。

表3-8　2012~2017年我国31个省区市金融监管创新水平排序

省区市	2012年	省区市	2013年	省区市	2014年	省区市	2015年	省区市	2016年	省区市	2017年
西藏	0.9111	西藏	0.8706	西藏	0.8624	河南	0.8072	湖南	0.7566	上海	0.7521
河北	0.7329	河北	0.8150	河北	0.8143	湖南	0.7897	河南	0.7347	广东	0.7439
陕西	0.7013	河南	0.8098	河南	0.7821	河北	0.7738	广东	0.7164	北京	0.7361
河南	0.6964	黑龙江	0.7692	湖南	0.7295	广东	0.7436	河北	0.6917	湖南	0.7241

续表

省区市	2012 年	省区市	2013 年	省区市	2014 年	省区市	2015 年	省区市	2016 年	省区市	2017 年
黑龙江	0.6934	陕西	0.7691	重庆	0.7191	湖北	0.7384	湖北	0.6874	重庆	0.7227
山西	0.6801	湖南	0.7492	陕西	0.7094	江苏	0.7040	上海	0.6825	河南	0.7117
湖南	0.6607	四川	0.7408	甘肃	0.7066	四川	0.7034	江苏	0.6779	湖北	0.7059
湖北	0.6529	山西	0.7365	湖北	0.6831	陕西	0.6974	安徽	0.6514	江苏	0.7052
吉林	0.6371	湖北	0.7295	吉林	0.6742	西藏	0.6798	陕西	0.6434	陕西	0.6734
四川	0.6259	吉林	0.7193	广东	0.6732	江西	0.6777	四川	0.6386	安徽	0.6706
广东	0.6212	广东	0.7113	海南	0.6726	山东	0.6773	北京	0.6281	河北	0.6641
广西	0.6187	广西	0.6963	四川	0.6718	黑龙江	0.6756	重庆	0.6227	海南	0.6483
江西	0.6063	江西	0.6871	新疆	0.6631	吉林	0.6660	山东	0.6185	广西	0.6433
甘肃	0.5991	甘肃	0.6680	广西	0.6528	安徽	0.6639	江西	0.6134	新疆	0.6358
内蒙古	0.5902	重庆	0.6672	贵州	0.6304	辽宁	0.6614	广西	0.6124	四川	0.6293
安徽	0.5827	安徽	0.6609	江西	0.6271	山西	0.6520	黑龙江	0.5937	山西	0.6198
海南	0.5763	新疆	0.6598	云南	0.6263	新疆	0.6498	新疆	0.5894	西藏	0.5955
新疆	0.5709	山东	0.6513	江苏	0.6261	广西	0.6457	贵州	0.5673	江西	0.5881
重庆	0.5675	贵州	0.6478	安徽	0.6243	上海	0.6416	山西	0.5636	黑龙江	0.5712
山东	0.5657	云南	0.6452	黑龙江	0.6208	重庆	0.6375	西藏	0.5575	浙江	0.5673
江苏	0.5485	内蒙古	0.6411	上海	0.5918	贵州	0.6198	海南	0.5553	山东	0.5548
云南	0.5390	海南	0.6267	山西	0.5844	海南	0.5383	吉林	0.5373	福建	0.5149
上海	0.5341	江苏	0.6249	辽宁	0.5715	北京	0.5376	辽宁	0.5354	吉林	0.5050
贵州	0.5331	辽宁	0.6183	北京	0.5644	云南	0.5300	浙江	0.4680	辽宁	0.5002
北京	0.5191	上海	0.5511	山东	0.5551	天津	0.5098	天津	0.4572	贵州	0.4780
辽宁	0.5172	天津	0.5162	天津	0.5250	甘肃	0.5026	福建	0.4347	云南	0.4542
福建	0.4739	北京	0.5160	青海	0.5096	福建	0.4949	云南	0.4240	天津	0.4220
天津	0.4424	福建	0.5003	宁夏	0.4091	内蒙古	0.4730	内蒙古	0.4171	宁夏	0.3621
青海	0.4043	青海	0.4667	内蒙古	0.3994	浙江	0.4552	甘肃	0.3920	内蒙古	0.3506
宁夏	0.3932	宁夏	0.4243	福建	0.3808	宁夏	0.3916	宁夏	0.3535	青海	0.3021
浙江	0.2415	浙江	0.3175	浙江	0.3126	青海	0.3568	青海	0.2885	甘肃	0.2592

根据分类标准，2012 年，明星型金融监管创新省区市得分高于 0.6418，包括西藏、河北、陕西、河南、黑龙江、山西、湖南、湖北 8 个省区，一般型省区市得分介于 0.5219 和 0.6418 之间，包括吉林、四川、广东、广西、江西、甘肃、内蒙古、安徽等 16 个省区市，潜力型省区市得分低于 0.5219，包括北京、辽宁、福建、天津、青海、宁夏、浙江 7 个省区市。2013 年，明星型金融监管创新省区市得分高于 0.7124，包括西藏、河北、河南、黑龙江、陕西、湖南、四川、山西、湖北、吉林 10 个省区，一般型省区市得分介于 0.5913 和 0.7124 之间，包括广东、广西、江西、甘肃、重庆、安徽、新疆、山东等 14 个省区市，潜力型省区市得分低于 0.5913，包括上海、天津、北京、福建、青海、宁夏、浙江 7 个省市。2014 年，明星型金融监管创新省区市得分高于 0.6801，包括西藏、河北、河南、湖南、重庆、陕西、甘肃、湖北 8 个省区市，一般型省区市得分介于 0.5568 和 0.6801 之间，包括吉林、广东、海南、四川、新疆、广西、贵州、江西等 16 个省区市，潜力型省区市得分低于 0.5568，包括山东、天津、青海、宁夏、内蒙古、福建、浙江 7 个省区。2015 年，明星型金融监管创新省区市得分高于 0.6796，包括河南、湖南、河北、广东、湖北、江苏、四川、陕西、西藏 9 个省区，一般型省区市得分介于 0.5653 和 0.6796 之间，包括江西、山东、黑龙江、吉林、安徽、辽宁、山西、新疆等 12 个省区市，潜力型省区市得分低于 0.5653，包括海南、北京、云南、天津、甘肃、福建、内蒙古、浙江、宁夏、青海 10 个省区市。2016 年，明星型金融监管创新省区市得分高于 0.6299，包括湖南、河南、广东、河北、湖北、上海、江苏、安徽、陕西、四川10个省市，一般型省区市得分介于0.5127和0.6299之间，包括北京、重庆、山东、江西、广西、黑龙江、新疆、贵州等13个省区市，潜力型省区市得分低于0.5127，包括浙江、天津、福建、云南、内蒙古、甘肃、宁夏、青海8个省区市。2017年，明星型金融监管创新省区市得分高于0.6493，包括上海、广东、北京、湖南、重庆、河南、湖北、江苏、陕西、安徽、河北11个省市，一般型省区市得分介于0.5127和0.6493之间，包括海南、广西、新疆、四川、山西、西藏、江西、黑龙江、浙江、山东、福建11个省区，潜力型省区市得分低于0.5127，包括吉林、辽宁、贵州、云南、天津、宁夏、内蒙古、青海、甘肃9个省区市。

从2012～2017年我国省际金融监管创新的时空分布看，高水平的明星型金融监管创新省区市数比其他四个子系统的都要多，说明大部分省区市金融监管情况较好，而低水平的潜力型金融监管创新省区市数主要分布在金融业较发达的省区市，说明随着金融业的不断发展，始终伴随着金融业系统性风险，这就要求各省区市在增加金融总量的同时，还需要不断创新金融监管模式，提高金融业竞争能力、抗风险能力、可持续发展能力。

（二）区域金融创新空间分异格局

表3－9给出了2012～2017年我国31个省区市区域金融创新水平排序情况（依大到小排序），根据第二章里的分类规则，继续将31个省区市划分为明星型（得分≥M＋0.5SD）、一般型（M－0.5SD≤得分≤M＋0.5SD）和潜力

型（得分≤M－0.5SD）三种类型，然后分别计算统计2012～2017年6个年度各个类型省区市的变化情况，以期揭示我国区域金融创新空间分异特征。

表3－9 2012～2017年我国31个省区市区域金融创新水平排序

省区市	2012年	省区市	2013年	省区市	2014年	省区市	2015年	省区市	2016年	省区市	2017年
北京	0.9778	北京	0.9675	北京	0.9071	北京	0.8628	上海	0.8645	北京	0.8579
上海	0.8188	上海	0.8138	上海	0.7900	上海	0.8026	北京	0.8521	上海	0.7881
天津	0.5632	天津	0.5578	天津	0.4982	天津	0.4588	天津	0.5402	天津	0.5029
浙江	0.3591	浙江	0.3198	浙江	0.3089	浙江	0.2692	浙江	0.3102	浙江	0.3654
江苏	0.2367	江苏	0.2665	江苏	0.2713	广东	0.2473	广东	0.3096	广东	0.3280
广东	0.2271	广东	0.2472	广东	0.2606	江苏	0.2425	江苏	0.2866	江苏	0.2896
福建	0.2150	辽宁	0.1967	辽宁	0.2128	辽宁	0.2264	辽宁	0.2277	辽宁	0.1986
内蒙古	0.1871	福建	0.1953	重庆	0.2087	宁夏	0.1944	福建	0.2127	海南	0.1896
辽宁	0.1706	重庆	0.1936	福建	0.1666	福建	0.1749	海南	0.1983	福建	0.1857
重庆	0.1704	内蒙古	0.1812	湖北	0.1586	重庆	0.1513	重庆	0.1725	湖北	0.1795
黑龙江	0.1510	山西	0.1684	宁夏	0.1517	山东	0.1455	山东	0.1702	重庆	0.1722
山东	0.1509	宁夏	0.1523	山西	0.1512	湖北	0.1383	湖北	0.1508	山东	0.1671
山西	0.1440	山东	0.1503	山东	0.1449	海南	0.1244	陕西	0.1403	山西	0.1589
宁夏	0.1352	湖北	0.1430	海南	0.1413	山西	0.1235	内蒙古	0.1360	陕西	0.1494
四川	0.1350	四川	0.1404	新疆	0.1393	安徽	0.1207	山西	0.1353	新疆	0.1457
陕西	0.1283	新疆	0.1374	陕西	0.1384	吉林	0.1201	安徽	0.1295	宁夏	0.1417
海南	0.1264	海南	0.1320	内蒙古	0.1369	四川	0.1168	吉林	0.1295	安徽	0.1372
湖北	0.1263	陕西	0.1293	吉林	0.1357	陕西	0.1164	四川	0.1229	四川	0.1341
吉林	0.1166	吉林	0.1254	四川	0.1290	新疆	0.1071	宁夏	0.1178	吉林	0.1329
新疆	0.1148	安徽	0.1225	安徽	0.1280	内蒙古	0.1029	河南	0.1095	河南	0.1138
安徽	0.1109	河北	0.1219	河北	0.1177	河南	0.0956	新疆	0.1072	江西	0.1070
河北	0.1090	黑龙江	0.1061	河南	0.1074	贵州	0.0921	江西	0.1025	湖南	0.1061
江西	0.0956	河南	0.1052	广西	0.1014	黑龙江	0.0861	青海	0.0997	内蒙古	0.1043
甘肃	0.0943	甘肃	0.1051	甘肃	0.0960	河北	0.0858	河北	0.0986	河北	0.0966
河南	0.0919	江西	0.0962	江西	0.0946	湖南	0.0853	甘肃	0.0977	贵州	0.0940

续表

省区市	2012 年	省区市	2013 年	省区市	2014 年	省区市	2015 年	省区市	2016 年	省区市	2017 年
湖南	0.0874	广西	0.0958	湖南	0.0914	江西	0.0839	广西	0.0970	广西	0.0889
云南	0.0862	云南	0.0901	黑龙江	0.0910	甘肃	0.0754	湖南	0.0945	黑龙江	0.0872
西藏	0.0858	湖南	0.0876	云南	0.0853	广西	0.0752	贵州	0.0939	西藏	0.0819
广西	0.0808	贵州	0.0688	贵州	0.0849	青海	0.0673	黑龙江	0.0910	甘肃	0.0715
青海	0.0759	青海	0.0682	青海	0.0835	云南	0.0580	西藏	0.0566	青海	0.0591
贵州	0.0592	西藏	0.0680	西藏	0.0665	西藏	0.0526	云南	0.0472	云南	0.0569

根据分类标准，2012 年，明星型区域金融创新省区市得分高于 0.3064，包括北京、上海、天津以及浙江 4 个省市，一般型省区市得分介于 0.0956 和 0.3064 之间，包括江苏、广东、福建、内蒙古、辽宁、重庆、山东、黑龙江等 19 个省区市，潜力型省区市得分低于 0.0956，包括甘肃、河南、湖南、云南、西藏、广西、青海和贵州 8 个省区。2013 年，明星型区域金融创新省区市得分高于 0.3084，包括北京、上海、天津以及浙江 4 个省市，一般型省区市得分介于 0.1015 和 0.3084 之间，包括江苏、广东、辽宁、福建、重庆、内蒙古、山西、宁夏等 20 个省区市，潜力型省区市得分低于 0.1015，包括江西、广西、云南、湖南、贵州、青海和西藏 7 个省区。2014 年，明星型区域金融创新省区市得分高于 0.2968，包括北京、上海、天津以及浙江 4 个省市，一般型省区市得分介于 0.1031 和 0.2968 之间，包括江苏、广东、辽宁、重庆、福建、湖北、宁夏、山西等 18 个省区市，潜力型省区市得分低于 0.1031，包括广西、甘肃、江西、湖南、黑龙江、云南、贵州、青海和西藏 9 个省区。2015 年，明星型区域金融创新省区市得分高于

0.2798，包括北京、上海以及天津3个市，一般型省区市得分介于0.0881和0.2798之间，包括浙江、广东、江苏、辽宁、宁夏、福建、重庆、山东等19个省区市，潜力型省区市得分低于0.0881，包括黑龙江、河北、湖南、江西、甘肃、广西、青海、云南和西藏9个省区。2016年，明星型区域金融创新省区市得分高于0.3033，包括上海、北京、天津、浙江以及广东5个省市，一般型省区市得分介于0.1033和0.3033之间，包括江苏、辽宁、海南、重庆、山东、湖北、陕西、内蒙古等16个省区市，潜力型省区市得分低于0.1033，包括江西、青海、河北、甘肃、广西、湖南、贵州、黑龙江、西藏和云南10个省区。2017年，明星型区域金融创新省区市得分高于0.2987，包括北京、上海、天津、浙江以及广东5个省市，一般型省区市得分介于0.1072和0.2987之间，包括江苏、辽宁、海南、福建、湖北、重庆、山东、山西等15个省区市，潜力型省区市得分低于0.1072，包括江西、湖南、内蒙古、河北、贵州、广西、黑龙江、甘肃、青海和云南11个省区。

从2012~2017年我国省际区域金融创新的时空分布看，高水平的明星型区域金融创新省区市数较少且主要分布在经济发达地区，而低水平的潜力型区域金融创新省区市数较多且主要分布在中西部欠发达地区，由此反映出我国省际区域金融创新两极分化现象突出。

从各种类型的综合评价得分来看，2012年我国省际区域金融创新得分均值为0.2010，2013年为0.2049，2014年为0.1999，2015年为0.1840，2016年为0.2033，2017年为0.2030，2012~2017年我国区域金融创新得分均值呈“M”

形演变趋势，但总体上 2017 年在 2012 年基础上有所增长；区域金融创新得分最高值与最低值比方面，2012～2017 年分别为 16.51、14.23、13.65、16.41、18.31、15.09，呈斜“N”形变化趋势，但总体上 2017 年比 2012 年有所下降。综上所述，不难看出我国区域金融创新水平总体呈上升态势，但省际间差距仍然较大。

（三）区域金融创新空间转移特征

为进一步揭示研究期间各省际区域金融创新所属的类型转移和空间分布特征，可将各时段的区域金融创新转移状态进行划分，若区域等级提高，则为转移状态为向上转移；若保持不变，则转移状态为稳定；若等级降低，则转移状态为向下。具体结果如表 3－10 所示。

表 3－10　我国省际区域金融创新类型空间转移

状态	2013 年	2014 年	2015 年	2016 年	2017 年
向上	2 个（甘肃、河南）	0 个	1 个（贵州）	2 个（浙江、广东）	0 个
稳定	28 个	29 个	28 个	28 个	30 个
向下	1 个（江西）	2 个（甘肃、黑龙江）	2 个（浙江、河北）	1 个（贵州）	1 个（内蒙古）

从各种类型的数量变化来看，对于明星型省区市，2012～2014 年数量均保持为 4，2015 年降为 3 个，2016 年上升至 5 个且 2017 年仍保持为 5 个；对于一般型省区市，2012 年为 19 个，2013 年升至 20 个，2014 年降为 18 个，2015 年又增至 19 个，2016 年和 2017 年分别降至 16 和 15

个；对于潜力型省区市，2012 年为 8 个，2013 年降为 7 个，2014 年升为 9 个，2015 年保持为 9 个，2016 年和 2017 年分别升至 10 个和 11 个。

从表 3－10 可看出我国省际区域金融创新类型空间转移情况：

(1) 2013 年呈向上转移的省份有 2 个，分别为甘肃和河南，这两个省份均是从潜力型省份向一般型省份转变，意味着甘肃及河南 2013 年区域金融创新水平得到有效提升，仅江西 1 个省发生向下转移，且由一般型省区市向潜力型转变，这说明 2013 年江西区域金融创新水平有所下降，其余 28 个省区市均维持原有类型不变。

(2) 2014 年仅甘肃和黑龙江 2 个省份发生转移，且均由一般型省区市向下转移为潜力型省区市，甘肃区域金融创新水平在 2013 年经历过上升后再次出现下降，说明甘肃区域金融创新基础较弱、环境不佳，进而导致该省份区域金融创新发展不够稳定，黑龙江金融市场发育相对迟缓，进而导致区域金融创新发展滞后；其余 29 个省区市均维持原有类型不变。

(3) 2015 年仅贵州发展向上转移，且由潜力型上升至一般型，该年度贵州金融业发展是服务业发展最快的行业，区域金融创新进一步增强，浙江由第一梯队的明星型省区市跌落至一般型省区市，说明该年度浙江省区域金融创新发展相对北京、上海和天津较为滞后，但浙江区域金融创新得分依然处于较高水平，河北由一般型省区市降至潜力型省区市，说明该年度河北金融创新水平有所降低，这与近年来河北金融主体数量偏少、资本市场发育不全密切相关，其余

28个省区市均维持原有类型不变。

（4）2016年浙江和广东发展向上转移，浙江近年来区域金融改革创新活跃，是全国金融改革创新的前沿要地，区域金融创新水平不断提升，再次回归明星型省区市位置，广东省大力推进金融改革创新，金融强省建设初见成效，进而由一般型省区市跃至明星型省区市，仅贵州由一般型省区市降至潜力型省区市，金融生态环境不佳也是导致贵州区域金融创新相对滞后的重要原因，其余28个省区市均维持原有类型不变。

（5）2017年仅内蒙古发生向下转移，且由一般型省区市降至潜力型省区市，因经济基础薄弱、创新人才缺乏、外部环境不理想等因素严重制约了内蒙古区域金融创新水平的提升，其余30个省区市均维持原有类型不变。总体来看，2012~2017年我国区域金融创新空间转移呈现平稳状态，仅少数省区市出现变动，但变动趋势不是很大。

（四）区域金融创新空间相关分析

运用空间自相关方法，进一步探究我国区域金融创新省际差异的空间相关情况。首先，采用全局Moran's I指数来揭示我国区域金融创新的空间自相关性。全局Moran's I指数的取值介于-1和1之间，在（-1，0）范围内为负相关，表明具有相异的属性集聚在一起；在（0，1）范围内为正相关，表明具有相似的属性集聚在一起；若Moran's I指数接近于0，表示属性是随机分布的，不存在空间相关性。表3-11显示了我国2012~2017年区域金融创新的Moran's I指数变动情况。

表 3-11 我国区域金融创新的全局空间自相关情况

年份	Moran's I	E (I)	Z (I)	p (I)
2012	0.323	-0.033	3.450	0.001
2013	0.318	-0.033	3.404	0.001
2014	0.301	-0.033	3.242	0.001
2015	0.269	-0.033	2.938	0.003
2016	0.318	-0.033	3.322	0.001
2017	0.326	-0.033	3.382	0.001

从表 3-11 不难发现，2012~2017 年我国区域金融创新 Moran's I 值均显著大于 0，呈现出全域正相关关系，意味着这 6 年间我国区域金融创新在空间上存在明显的相关性，即我国省域区域金融创新在空间上既非随机分布也非均质分布，而是受到与之邻近省域区域金融创新的影响，最终呈现出空间集群化特征。我国区域金融创新 Moran's I 值呈"U"形波动态势：2012~2015 年，Moran's I 值持续上升至 0.326，意味此阶段我国区域金融创新集聚状态不断加强。总体上，2012~2017 年 Moran's I 值一直保持在 0.25 以上，呈现出较为显著的空间自相关性，可见研究期内我国省际区域金融创新趋于集聚且展现出自我强化的态势。

接下来，通过分析测算空间关联局域指标（LISA）显著水平，采用 Moran 散点图、局域 Moran's I 统计量来分析每个省域与周边省域在区域金融创新上的空间差异程度。2012~2017 年计算结果归纳如图 3-1 所示。Moran's I 散点图的四个象限分别代表 HH（高—高）、HL（高—低）、LH（低—高）和 LL（低—低）四种空间相关类型。其中，HH（LL）集聚型分别处于第一、第三象限，表示相邻省域间存在正的空间自相关；LH（HL）集聚型分别处于第二、第四象限，表示相邻省域间存在负的空间自相关。为了对比，选取 2012 年和 2017 年两个年度的横截面数据，画出这两个年度我国 31 个省区市区域金融创新的 Moran 散点图。

在 2012 年和 2017 年两个年份的 Moran 散点图中，绝大部分观测点位于第一、第三象限内，意味着我国省际区域金融创新存在明显的正空间自相关性，也就是属于高—高或者低—低类型的地区。第二、第四象限中的观测点表示偏离正的空间自相关的地区，也就是属于低—高或者高—低类型的地区，如图 3 - 1 所示这类省区数量较少。与 2012 年相比较，2017 年这类非典型地区的数量较为接近，仅分别为 5 和 6，说明 2017 年我国省际区域金融创新的空间自相关性进一步增强。Moran 散点图中高—高、低—低两类鲜明的空间分异区域则表明了空间异质性的存在。

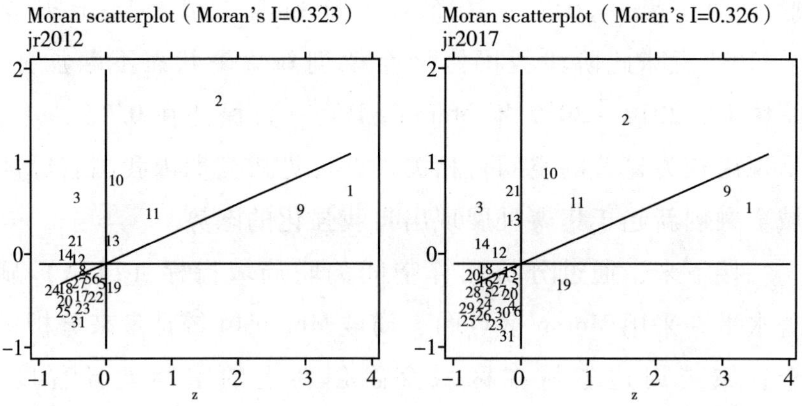

图 3 - 1　我国省际区域金融创新的 Moran 散点图

进一步，将 2012 年和 2017 年金融创新 Moran 散点图的对应省区市列出来，如表 3 - 12 所示。东部发达省区市主要是高—高类型；广大中西部省区市则主要是低—低和低—高类型区。这也进一步揭示了我国区域金融创新在空间分布上的差异性，也就是区域金融创新发展良好的省区市大多集聚于东部，而区域金融创新发展欠佳的省区市则主要集聚于中西部地区。

表 3-12　我国省际区域金融创新的空间相关模式

集聚类型	2012 年	2017 年
HH	北京、天津、上海、江苏、浙江、福建	北京、天津、上海、江苏、浙江
LH	河北、安徽、江西、海南	河北、安徽、江西、海南、福建
LL	辽宁、山东、湖北、山西、吉林、河南、重庆、陕西、宁夏、四川、新疆、江西、黑龙江、内蒙古、贵州、广西、西藏、甘肃、青海、云南	辽宁、山东、湖北、山西、吉林、河南、重庆、陕西、宁夏、四川、新疆、江西、黑龙江、内蒙古、贵州、广西、西藏、甘肃、青海、云南
HL	广东	广东

四、区域金融创新三大地区差异空间特征

在上述研究的基础上，研究进一步将我国各省区市划类为东、中、西部三大地区，进一步探究我国三大地区区域创新及各子系统差异情况。

（一）区域金融各子系统空间差异特征

1. 金融市场创新

根据式（3-5）计算 2012～2017 年金融市场创新系统

的泰尔指数，然后，按东、中、西部对总泰尔指数分解成各地区内部差异和各地区之间的差异，如表 3 – 13 所示。

表 3 – 13　　金融市场创新泰尔指数分解结果

年份	东部区域内差异	中部区域内差异	西部区域内差异	区域内总差异	区域间总差异	总体差异
2012	0. 1691	0. 0042	0. 0261	0. 1994	0. 1097	0. 3090
2013	0. 1493	0. 0043	0. 0190	0. 1726	0. 1151	0. 2877
2014	0. 1342	0. 0052	0. 0133	0. 1527	0. 1084	0. 2611
2015	0. 1404	0. 0041	0. 0115	0. 1560	0. 1318	0. 2879
2016	0. 1193	0. 0034	0. 0160	0. 1386	0. 1459	0. 2846
2017	0. 1341	0. 0083	0. 0221	0. 1645	0. 1279	0. 2924

表 3 – 13 显示了金融市场创新省际差异的特征：第一，总体上看，2012 ~ 2017 年金融市场创新泰尔指数呈“W”形变化趋势，从 2012 年的 0. 3090 降至 2014 年的 0. 2611，再升至 2015 年的 0. 2879，再降至 2016 年的 0. 2846，最后升至 2017 年的 0. 2924，这表明金融市场创新的区域非均衡特征明显，且总体上呈下降趋势。近年来，我国宏观经济在新常态下保持平稳运行，金融业改革积极有序推进，金融机构实力进一步提升，金融市场创新发展加快，金融基础设施建设不断完善，金融体系总体稳健，服务经济社会能力不断增强。第二，金融市场创新区域内差异在 2012 ~ 2015 年及 2017 年始终大于区域间差异，说明这些时间段我国三大地带间的金融市场创新差距小于各地带内省区市之间的差距，但 2016 年金融市场创新的区域间差异大于区域内差异，说明该年度东中西部内各个省区市之间的差距逐渐缩小，金融创新差距更多体现在东部与中西部之间。第三，从区域内差

异看，东部地区差异最大，2012 年为最高值，与整体差距有着基本相同的演变趋势，经历了一个“M”形下降的趋势；中西部区域内差异较小，且一直保持在较低水平。

2. 金融机构创新

根据式（3－5）计算 2012～2017 年金融机构创新系统的泰尔指数，然后，按东、中、西部对总泰尔指数分解成各地区内部差异和各地区之间的差异，如表 3－14 所示。

表 3－14　　金融机构创新泰尔指数分解结果

年份	东部区域内差异	中部区域内差异	西部区域内差异	区域内总差异	区域间总差异	总体差异
2012	0.4174	0.0041	0.0315	0.4529	0.2573	0.7103
2013	0.3424	0.0076	0.0326	0.3826	0.2027	0.5852
2014	0.3211	0.0115	0.0218	0.3545	0.1923	0.5467
2015	0.3850	0.0167	0.0650	0.4668	0.2157	0.6824
2016	0.3542	0.0100	0.0328	0.3970	0.2214	0.6184
2017	0.3470	0.0139	0.0218	0.3827	0.2631	0.6458

表 3－14 显示了金融机构创新省际差异的特征：第一，总体上看，2012～2017 年金融机构创新泰尔指数与金融市场创新一致，也呈“W”形变化趋势，从 2012 年的 0.7103 降至 2014 年的 0.5467，再升至 2015 年的 0.6824，再降至 2016 年的 0.6184，最后升至 2017 年的 0.6458，这表明，金融机构创新的区域非均衡特征也非常明显，且总体差异呈缩小态势。近年来，我国各个省区市银行和其他金融机构不断加快转型步伐并创新服务模式，使金融机构创新空间差异呈现收敛态势。第二，金融机构创新区域内差异在 2012～2017

年始终大于区域间差异，说明长期以来我国三大地带间的金融机构创新差距小于各地带内省区市之间的差距，意味着金融机构创新差距更多地体现在东中西部地区内省份之间。第三，从区域内差异看，东部地区差异最大，2012 年为最高值，经历了一个逐渐缩小（2012～2014 年）后迅速扩大（2015 年），随后在波动中缓慢下降的趋势；中西部区域内差异较小，且一直保持在较低水平。

3. 金融产品创新

根据式（3－5）计算 2012～2017 年金融产品创新系统的泰尔指数，然后，按东、中、西部对总泰尔指数分解成各地区内部差异和各地区之间的差异，如表 3－15 所示。

表 3－15　　金融产品创新泰尔指数分解结果

年份	东部区域内差异	中部区域内差异	西部区域内差异	区域内总差异	区域间总差异	总体差异
2012	0.1180	0.0208	0.0238	0.1626	0.1907	0.3533
2013	0.1513	0.0196	0.0359	0.2067	0.2266	0.4333
2014	0.1419	0.0167	0.0346	0.1932	0.1903	0.3835
2015	0.1704	0.0079	0.0159	0.1941	0.1814	0.3755
2016	0.1161	0.0071	0.0168	0.1400	0.1919	0.3319
2017	0.1089	0.0140	0.0146	0.1375	0.1188	0.2563

表 3－15 显示了金融市场创新省际差异的特征：第一，总体上看，2012～2017 年金融市场创新泰尔指数呈倒“U”形变化趋势，从 2012 年的 0.3533 升至 2014 年的 0.4333，再降至 2017 年的 0.2563，这表明金融产品创新的区域非均衡特征明显，且总体差异呈逐年缩小态势。近年来，中西部地区的银行机构及其他金融机构普遍增强了对金融创新的关

注，为提高银行自身竞争力和推动金融业和金融市场发展，正不断进行金融产品创新，使中西部地区与东部地区的金融产品创新差距不断缩小。第二，金融产品创新区域内差异在2014年、2015年和2017年这三年间大于区域间差异，说明该时间段我国三大地带间的金融产品创新差距小于各地带内省区市之间的差距，2012年、2013年以及2016年我国金融产品创新的区域间差异大于区域内差异，说明东中西部内各个省区市之间的差距逐渐缩小，金融创新差距更多地体现在东部与中西部之间。第三，从区域内差异看，东部地区差异最大，2012年为最高值，呈“M”形变化趋势，经历了升（2012~2013年）—降（2014年）—升（2015年）—降（2016~2017年）的变化趋势；中西部区域内差异较小，且一直保持在较低水平。

4. 金融技术创新

根据式（3-5）计算2012~2017年金融技术创新系统的泰尔指数，然后，按东、中、西部对总泰尔指数分解成各地区内部差异和各地区之间的差异，如表3-16所示。

表3-16 金融技术创新泰尔指数分解结果

年份	东部区域内差异	中部区域内差异	西部区域内差异	区域内总差异	区域间总差异	总体差异
2012	0.0060	0.0004	0.0033	0.0097	0.0136	0.0233
2013	0.0036	0.0003	0.0017	0.0056	0.0076	0.0132
2014	0.0026	0.0003	0.0009	0.0038	0.0042	0.0080
2015	0.0017	0.0001	0.0005	0.0023	0.0028	0.0051
2016	0.0014	0.0001	0.0005	0.0020	0.0020	0.0040
2017	0.0013	0.0001	0.0003	0.0018	0.0019	0.0037

表3－16显示了金融创新技术省际差异的特征：第一，总体上看，2012～2017年金融技术创新泰尔指数呈不断下降趋势，从2012年的0.0233一直降至2017年的0.0037，降幅达到84.23，表明金融技术创新的区域非均衡特征并不明显，且总体差异呈不断缩小态势。近年来，为促进地区发展，中西部地区正稳步实施金融科技创新工程，大力发展科技金融，并取得显著成效，使东、中、西部地区间金融技术创新差距越来越小。第二，金融技术创新区域内差异在2012～2017年始终小于区域间差异，说明东、中、西部内各个省区市之间的金融技术差距逐渐缩小，金融技术创新差距更多地体现在东部与中西部之间。第三，从区域内差异看，东部地区差异最大，2012年为最高值，与整体差距有着基本相同的演变趋势，呈不断下降趋势；中西部区域内差异较小，且一直保持在较低水平。

5. 金融监管创新

根据式（3－5）计算2012～2017年金融监管创新系统的泰尔指数，然后，按东、中、西部对总泰尔指数分解成各地区内部差异和各地区之间的差异，如表3－17所示。

表3－17　　金融监管创新泰尔指数分解结果

年份	东部区域内差异	中部区域内差异	西部区域内差异	区域内总差异	区域间总差异	总体差异
2012	0.0086	0.0005	0.0090	0.0181	0.0035	0.0216
2013	0.0074	0.0005	0.0062	0.0141	0.0038	0.0179
2014	0.0091	0.0012	0.0084	0.0186	0.0018	0.0205
2015	0.0051	0.0009	0.0075	0.0136	0.0036	0.0172
2016	0.0052	0.0019	0.0101	0.0172	0.0045	0.0217
2017	0.0059	0.0019	0.0163	0.0242	0.0050	0.0292

表3－17显示了金融监管创新省际差异的特征：第一，总体上看，2012～2017年我国金融创新泰尔指数呈“W”形变化趋势，从2012年的0.0216降至2013年的0.0179，再升至2014年的0.0205，再降至2015年的0.0172，最后升至2017年的0.0292，总体上金融监管创新水平普遍较低，表明金融创新的区域非均衡特征并不那么明显，且总体差异水平较为稳定，近年来，防范金融风险一直是政策层强调的重点，各省区市不断创新和完善监管方式方法，做到审慎监管与行为监管、风险监管与合规监管、定量监测与定性判断、前瞻预判与持续防控。第二，金融监管创新区域内差异在2012～2017年始终大于区域间差异，说明该时间段我国三大地带间的金融创新差距小于各地带内省区市之间的差距，金融监管创新差距更多地体现在东中西部区域内省区市之间。第三，从区域内差异看，2013年和2014年东部地区差异最大，说明这两个时间段东部地区内省区市之间的金融监管创新差距较大，2012年、2015年、2016年以及2017年西部地区差异最大，说明近年来西部各省区市之间金融监管创新差距较大；中部区域内差异较小，且一直保持在较低水平。

（二）区域金融综合水平空间差异特征

根据式（3－5）首先计算出2012～2017年我国区域金融创新的泰尔指数，然后，按东、中、西部对总泰尔指数分解成各地区内部差异和各地区之间的差异，如表3－18所示。

表 3-18　我国省际区域金融创新泰尔指数分解结果

年份	东部区域内差异	中部区域内差异	西部区域内差异	区域内总差异	区域间总差异	总体差异
2012	0.1718	0.0027	0.0119	0.1864	0.1613	0.3477
2013	0.1591	0.0032	0.0137	0.1759	0.1500	0.3259
2014	0.1476	0.0035	0.0114	0.1625	0.1407	0.3032
2015	0.1631	0.0026	0.0151	0.1808	0.1656	0.3464
2016	0.1350	0.0022	0.0102	0.1474	0.1748	0.3222
2017	0.1295	0.0040	0.0124	0.1459	0.1582	0.3041

表 3-18 显示了我国区域金融创新省际差异的特征：第一，总体上看，2012~2017 年我国区域金融创新泰尔指数呈“降—升—降”变化趋势，从 2012 年的 0.3477 降至 2014 年的 0.3032，再升至 2015 年的 0.3464，再降至 2017 年的 0.3041，这表明中国区域金融创新的区域非均衡特征明显，且总体差异呈逐年缩小态势。近年来，我国各级政府积极发挥财政政策、货币政策和产业政策的协同作用，促进金融业进一步创新发展，推进金融市场体系建设，引导金融业支持实体经济发展和经济转型升级，使我国区域金融创新空间差异呈现收敛态势。第二，我国区域金融创新区域内差异在 2012~2015 年始终大于区域间差异，说明该时间段我国三大地带间的区域金融创新差距小于各地带内省区市之间的差距，从 2016 年开始，这种局面有所改善，我国区域金融创新的区域间差异大于区域内差异，说明东、中、西部内各个省区市之间的差距逐渐缩小，区域金融创新差距更多地体现在东部与中西部之间。第三，从区域内差异看，东部地区差异最大，2012 年为最高值，与整体差距有着基本相同的

演变趋势，经历了一个缓慢缩小（2012～2014 年）后迅速扩大（2015 年），随后在波动中缓慢下降的趋势；中西部区域内差异较小，且一直保持在较低水平。

为剖析我国区域金融创新发展总体差异的成因，计算空间差异的区域贡献率，不难看出，$\left(\frac{F_E}{F}\cdot T_E\right)/T$、$\left(\frac{F_M}{F}\cdot T_M\right)/T$、$\left(\frac{F_W}{F}\cdot T_W\right)/T$ 分别表示东、中、西部的区域内差异对总差异的贡献率，T_I/T 表示区域间差异对总差异的贡献率，计算结果如表 3－19 所示。

表 3－19　我国三大地区内部及地区间差异对总体差异的贡献率

年份	泰尔指数	东（%）	中（%）	西（%）	区域间（%）
2012	0.3477	0.4941	0.0078	0.0342	0.4638
2013	0.3259	0.4882	0.0097	0.0420	0.4602
2014	0.3032	0.4868	0.0116	0.0376	0.4640
2015	0.3464	0.4708	0.0075	0.0436	0.4781
2016	0.3222	0.4189	0.0068	0.0317	0.5427
2017	0.3041	0.4260	0.0131	0.0408	0.5202

由表 3－19 可知，中、西部地区差距对总区域金融创新发展差距的贡献非常小，它们的贡献率均不足 1%，而地区间差异与东部地区内部差异构成差异的主体。2012～2014 年东部地区内部差异的贡献率大于地区间差异的贡献率。2014 年后，东部地区内部差异呈现出波动中下降的趋势，而地区间差异贡献率则呈波动中上升的趋势，因此，2015～2017 年，地区间差异的贡献率大于东部地区内部差异的贡

献率。由此可见，现阶段区域间发展不平衡是我国区域金融创新发展空间差异的主要原因。这表明东部与其他地区较大的发展差距不利于我国区域金融创新的均衡发展。

究其原因，本书研究认为我国幅员辽阔，自然条件复杂，地理区位与自然环境的差异为区域金融创新发展的空间差异提供了客观条件，中央政府向东部倾斜的区域发展战略则成为外部条件。

区域金融创新综合评价、空间差异及影响机制
Chapter 4

第四章 区域金融创新省际差异影响机理与空间计量

上述章节对区域金融创新的差异性和空间相关性进行了研究，那么区域金融创新差异到底受到哪些因素影响？这些因素的影响机理和作用程度如何？区域金融创新的空间相关性是否对这些影响因素产生作用？解决这些问题可以进一步厘清影响区域金融创新的关键因素，深入了解其成因。

基于此，本章先给出空间计量模型的选择过程，并对区域金融创新影响因素的作用机理进行分析，应用空间计量模型对影响因素进行检验，识别出关键影响因素。

一、计量模型、变量选取及数据来源

（一）计量模型

面板数据有信息量大、包含更多的变化以及变量之间共线性较弱的特点，使用面板数据会获得更高的自由度，从而可增加参数估计的有效性。由于每个时间断面的省域之间区域金融创新存在空间自相关性（空间依赖），可以在普通面板数据模型的基础上，通过融入空间和时间效应的空间面板计量模型探讨各选定因素对区域金融创新时空格局变化的影响。学术界通常采用的空间计量模型集中于空间误差（SEM）、空间滞后（SAR）以及空间杜宾模型（SDM），SEM 和 SAR 模型分别考虑了解释变量和被解释变量的空间相关性，而 SDM 模型更为全面地考虑了所有空间相关性，因此，本章选用空间杜宾模型对我国区域金融创新省际差异影响因素进行实证研究，SDM 一般形式如下：

$$Y = \rho WY + \alpha l_n + X\beta + \theta WX + \varepsilon \tag{4-1}$$

其中，Y 表示被解释变量；ρ 为空间自回归系数；W 为空间权重矩阵；WY 为被解释变量的空间滞后项；X 为解释变量；β 和 θ 为解释变量系数；WX 为解释变量的空间滞后项；α 为常数项，l_n 为 n×1 阶单位矩阵；ε 为误差项。

由式（4-1）可以看出，空间杜宾模型同时引入了被解释变量和解释变量的空间滞后项，意味着一个地区的解释变量不仅会影响本地区被解释变量，还会潜在地影响其他地区被解释变量，因此，不能直接利用回归结果去分析解释变量对被解释变量的影响。借鉴 Lesage 和 Pace（2009）提出的空间回归模型的偏微分方法，从空间杜宾模型的总效应中分离出直接效应和间接效应，前者反映对本地区的影响，后者反映对其他地区的影响。为获得以上两种效应，对 SDM 一般形式进行如下变形：

$$Y = (1-\rho W)^{-1}\alpha l_n + (1-\rho W)^{-1}(X_t\beta + \theta W X_t) + (1-\rho W)^{-1}\varepsilon \tag{4-2}$$

令 $S_r(W) = V(W)(I_n\beta + W\theta_r)$，$V(W) = (I_n - \rho W)^{-1}$，得到：

$$Y = \sum_{r=1}^{k} S_r(W)x_r + V(W)l_n\alpha + V(W)\varepsilon \tag{4-3}$$

将式（4-3）转换成矩阵形式，得到：

$$\begin{bmatrix} y_1 \\ y_2 \\ \vdots \\ y_n \end{bmatrix} = \sum_{r=1}^{k} \begin{bmatrix} S_r(W)_{11} & S_r(W)_{12} & \cdots & S_r(W)_{1n} \\ S_r(W)_{21} & S_r(W)_{22} & \cdots & S_r(W)_{2n} \\ \cdots & \cdots & \cdots & \cdots \\ S_r(W)_{n1} & S_r(W)_{n2} & \cdots & S_r(W)_{nn} \end{bmatrix} \begin{bmatrix} x_{1r} \\ x_{2r} \\ \vdots \\ x_{nr} \end{bmatrix} + V(W)l_n\alpha + V(W)\varepsilon \tag{4-4}$$

根据式（4-4），由 y_n 对本地区的 x_{nr} 求偏导数得到直接效应，等于矩阵 $S_r(W)$ 中对角元素的平均值；由 y_n 对第 m 个地区的 x_{mr} 求偏导数得到间接效应，等于矩阵 $S_r(W)$ 中非对角元素的平均值。

（二）空间权重

空间权重矩阵的构建是空间计量分析中的关键问题，它能够反映空间截面单元某些地理或经济属性之间的相互依赖程度，它是空间计量模型对真实世界空间效应的映射，决定着模型的最终估计结果和影响力。现有的空间权重矩阵主要有邻接矩阵、反距离矩阵、经济特征矩阵以及嵌套矩阵等。由于本书在探索性空间统计方法中均使用邻接矩阵，为了保持数据的一致性故采用邻接矩阵。本章选取全国 31 个省区市构造出 31×31 阶的空间权重矩阵 w_{ij} 和 w_{ij}'，其中 w_{ij}' 为标准化后邻接关系空间权重矩阵，w_{ij} 和 w_{ij}' 的取值如下：

$$w_{ij}=\begin{cases}1,\text{当省份 i 和 j 相邻}\\0,\text{当省份 i 和 j 不相邻}\end{cases} \tag{4-5}$$

$$w_{ij}'=\begin{cases}\dfrac{w_{ij}}{\sum\limits_{j} w_{ij}},\text{当省份 i 和 j 相邻}\\0,\text{当省份 i 和 j 不相邻}\end{cases} \tag{4-6}$$

（三）数据来源

本章将采用 2012～2017 年我国 31 个省域（省、直辖市、自治区）的相关数据资料，所用数据来源于 2013～2018 年《中国统计年鉴》、国泰安数据网以及中经网统计数据库。

二、区域金融创新影响因素的作用机理

关于金融创新影响因素的选择，通过对国内外学者相关文献的梳理发现，绝大部分学者对于经济发展水平、政府干预、对外开放、金融环境、信息化水平及知识密集程度作为区域金融创新的影响因素达成了共识。以下从六个方面透析金融创新差异的成因。

（一）经济发展

一个地区经济发展水平是决定该地区金融创新能力大小的基础性因素，区域金融创新能力的发展，与其外部的经济环境息息相关，区域经济发达程度决定区域金融创新能力主要表现在以下两个方面：第一，金融业是产生于商品经济的发展过程之中，并在商品生产和交换的过程中不断发展。因此，经济发展水平越高，金融就越发达，区域金融创新能力就越强。简言之，一个地区经济发展水平是区域金融创新发展的源泉。第二，在特定的发展阶段，金融发展条件不同，经济对金融的需求不同，由此表现出不同阶段和规模的区域金融创新能力。从结构上来看，经济发展的结构决定了区域金融创新能力，主要表现在经济结构决定金融结构。从规模上来看，经济条件决定了区域金融创新能力的发展规模。从阶段来看，若经济发达，金融需求开始多样化，金融当局和金融组织须为社会提供更多新的金融供给，从而促进了区域金融创新能力的提高。

（二）政府干预

政府干预论最早由经济学家凯恩斯提出，他认为市场竞争可以在某些条件下达到帕累托最优，同时也存在市场机制"失灵"的问题，因而需要政府进行干预。我国中西部地区与东部发达地区相比，金融衍生工具交易市场尚未成形，外汇市场、投资基金市场的运行构架规则仍不规范，市场规模太小，大多数地区的金融市场发展还处于初级阶段，整个金融市场发展不平衡，金融结构不合理，直接融资比例过低。为实现金融创新系统良性发展，政府必须从全局角度和长远目标出发，采取一系列措施以弥补种种原因导致的市场"失灵"，降低金融创新非均衡性；随着我国市场经济体制的完善与发展理念的优化，市场主体地位愈益突出，政府管制与干涉将逐渐减少，创新发展理念将日益深入人心，但为防范放管力度失衡，我国在改革进程中多采取渐进模式。因此，我国政府干预具有必要性，并将在今后相当长的一段时期内仍是普遍现象，特别是对微观企业和银行的干预。

（三）对外开放

自从我国加入世界贸易组织以来，我国的经济取得了快速发展，我国的金融行业对外开发的进程也在不断加快，在银行、证券以及保险行业先后采取了一系列开放措施，对于我国建设现代化的经济体系和金融体系起到了积极的促进作用。我国金融行业的全面对外开放势必会对国内的金融体系造成严重的冲击，最主要的影响便是直接倒逼着国内的金融行业进一步深化改革，促使相关金融机构加强金融创新力度，优化金融产品和金融服务，通过提高金融机构服务实体经济的能力，进而保障我国金融行业在国际上的核心竞争力。因此，对外开放度高的地区，经济的对外开放程度越高，可以更好地吸收和引进境外金融创新的成果，并吸引区域外金融组织的参与，深化金融产品的供给层次和结构。同时，在对外贸易的过程中会产生对资金的需求，相应地会产生金融业对票据处理和流程上的创新。

（四）金融环境

区域金融地理环境对于区域金融创新能力的影响不容忽视，一个地区所处的地理位置和独特的区位优势，以及该地区的交通运输能力、信息化建设状况等基础设施水平都是区域金融地理环境的构成要素。曾有学者提出，由于现代通讯技术的发展，无线通讯实现了全球范围内的全天候即时通讯，金融地理环境的因素已然失去了对金融活动的约束和影响，此种观点显然忽视了非标准化信息在金融活动过程中的重要作用，以网络为基础的现代通讯技术无法传播非标准化信息传播的。尤其是金融中心的形成和演变更是体现了区域金融地理环境要素在金融活动中重要影响力。一个地区优越的金融地理环境不仅能为区域金融创新提供便捷的服务，也能吸引其他地区的金融创新工具的流入，对于提升该地区的区域金融创新能力具有不可估量的作用。

（五）信息化水平

金融创新与信息化水平是紧密联系在一起的。金融业务与金融管理的各个方面应用现代信息技术，深入开发、广泛利用金融与经济信息资源，加速金融现代化的进程。这个进程是发展的、动态的和不断深化的。金融信息化是国家信息化的一个组成部分，它与整个社会的信息化，与其他宏观管理部门的信息化，与居民、企业的信息化密切相关，相辅相成。在不断发展的信息技术和经济全球化的推动下金融服务与金融创新构成了现代经济的核心。

（六）知识密集

金融业是人力资本密集型服务业，金融人才是金融创新的核心。相关研究也开始关注金融人才对金融创新的影响。主要观点如下：李绪红和罗仲星（2009）的研究发现，聚集金融人才、保持合理的人才结构和建设高素质人才高地有利于优化金融业绩效。Mainelli（2007）的研究发现在国际金融中心竞争力指标中，高素质的人力资源是第一位的要素。孙健等（2014）的研究发现，本科以上学历的人力资本对财险业经营效率有显著的正向促进效应。杨艳琳和谭梦琪（2017）的研究也发现，金融人才对整体绩效提升具有正向效应。刘军等（2015）的研究发现城市金融行业环境是城市金融人才吸引力的根本性因素。兰芳等（2017）通过构建空间计量模型分析发现东部和西部地区金融人才聚集会对关联地区产生正向的推动作用，且东部地区省份之间的金融关联性比中西部地区更强。方星海（2010）认为，金融业是知识密集型产业，必须坚持市场化、专业化的用人导向，实现金融人才资源配置和激励的市场化、金融人才能力和素质的专业化。综上所述，一个地区人力资本越强，知识密集度越高，意味着该地区金融创新水平越高。

三、区域金融创新影响因素的空间计量

（一）指标选取

区域金融创新发展与该地区所处的经济地理环境息息相关，诸多环境变量已成为区域金融创新的影响因素。参考现有研究成果，选取以下6个因素作为解释变量：一是经济发展水平（PGDP）。相关研究指出一个地区的经济增长为该地区金融创新发展创造可必要的物质和非物质的软支撑条件，条件越完善越有助于创新，故假设经济发展水平有助于区域金融创新，预期符号为正，基于数据的可得性，以人均生产总值来衡量经济发展水平。二是政府干预（GOV）。有学者认为中央与地方的财政分权会使县域间因经济绩效而互相竞争，在一定程度上促成对本县域金融创新的追求，故假设政府干预有助于区域金融创新，预期符号为正，基于数据的可得性，以地方财政支出占国内生产总值比重来表示地方政府干预。三是对外开放度（OPEN）。一般来说，对外贸易运营过程中会增加资金的需求量，且在一定程度上说明该县域融资方式的创新与突破，故假设对外开放有助于区域金融创新，预期符号为正，基于数据的可得性，以贸易出口总额与国内生产总值比重来衡量对外开放度。四是金融地理环境。基础设施水平（INF），基础设施建设是区域金融创新的外部环境，是一切金融活动不可或缺的物质保障，故假设对外开放有助于区域金融创新，预期符号为正，基于数据的可得性，以每万人拥有的境内公路里程数来衡量基础设施水平。

五是信息化水平（IU），信息技术在一定程度上影响着金融活动的进入程度及对创新的吸引力，故假设信息化有助于区域金融创新，预期符号为正，基于数据的可得性，以人均年末移动电话用户数来衡量信息化水平。六是知识密集度（KD）。一个地区具有较高知识密集度，则意味着具有较强的创新意识和创新价值观念，越有利于该地区金融创新能力的提升，故假设知识密集度有助于区域金融创新，预期符号为正，基于数据的可得性，以每万人专利授权数来衡量知识密集度。为了消除量纲和异方差的影响，对所有变量均作对数化处理。

（二）整体区域影响因素分析

全局空间自相关检验证明了我国区域金融创新具有较强的空间关联性和空间结构性，因此，需要建立空间计量模型。经 Wald 检验得出，SDM 可简化为 SLM（Wald 检验：18.2664，$P<0.01$）和 SEM（Wald 检验：18.1486，$P<0.01$）的假设均不成立，故本章选用空间杜宾模型。由 Hausman 检验结果显示，具有固定效应的空间杜宾面板模型最优，而固定效应模型包括空间固定效应、时点固定效应以及双固定效应模型三种，我们依据模型的拟合优度检验、自然对数函数值检验等确定本章最优选择为双固定效应空间杜宾面板模型。为避免传统 OLS 方法因未考虑变量内生性问题导致的估计结果偏误，本章利用最大似然估计方法（ML）用于估计双固定效应的空间杜宾模型，并借助 MATLAB R2016a 软件进行模型估计。

由于空间杜宾面板模型将被解释变量和解释变量的空间

滞后项均纳入回归分析中，因此估计系数不能直接用于反映解释变量对被解释变量的影响，需要借助偏微分方法将空间溢出效应分解成直接效应和间接效应，以期更加科学地衡量各因素对我国区域金融创新影响的区域内和区域间溢出效应。

由表 4-1 可知，回归结果中的拟合优度 R^2 的参数统计量为0.9766，说明该模型具有良好的拟合程度，可进行下一步的参数分析。被解释变量（区域金融创新）在模型中的自回归系数为通过了显著性检验，这与全局自相关的检验结果相呼应，再次证实了各省际单元的区域金融创新具有显著且强烈的空间相关性，表示一个省域的区域金融创新受到相邻省域区域金融创新水平超过 10% 的综合影响。

表 4-1　双固定效应空间面板杜宾模型（SDPM）及模型分解

变量	SDPM 模型	SDPM 模型分解		
		直接效应	间接效应	总效应
LNPGDP	0.9300*** (4.25)	0.9262*** (4.18)	0.1086 (0.40)	1.0347*** (4.45)
LNGOV	-0.1566 (-0.85)	-0.1798 (-0.96)	0.6987** (2.48)	0.5189* (1.63)
LNOPEN	0.2415*** (5.17)	0.2406*** (5.16)	-0.0309 (-0.37)	0.2096*** (2.75)
LNINF	0.6318*** (3.14)	0.6447*** (3.32)	-0.4435 (-1.17)	0.2012 (0.50)
LNIU	-0.3437* (-1.74)	-0.3298* (-1.65)	-0.6837* (-1.77)	-1.0135** (-2.45)

续表

变量	SDPM 模型	SDPM 模型分解		
		直接效应	间接效应	总效应
LNKD	-0.0905* (-1.62)	-0.0923* (-1.68)	0.1400 (1.31)	0.0477 (0.46)
W × LNPGDP	0.2343 (0.78)			
W × LNGOV	0.7383** (2.36)			
W × LNOPEN	-0.0076 (-0.08)			
W × LNINF	-0.3898 (-0.91)			
W × LNIU	-0.8006* (-1.93)			
W × LNKD	0.1415*** (3.26)			
ρ	-0.1290*** (-5.22)			
R^2	0.9766			

注：***、** 和 * 分别表示回归系数在 1%、5% 和 10% 的显著性水平上显著。

由此可见，在进行中国区域金融创新的计量回归分析之时，空间效应是一个不可忽视的因素。下面就各解释变量的回归系数进行分析。

（1）经济发展水平。在回归结果中，经济发展水平的直接效应值为 0.9262，且通过了 1% 的显著性检验，符合预期假设，是影响我国区域金融创新的首要因素。一个省份的经济发展水平直接决定着它的综合实力，发达省份经济最具活力、开放程度最高、吸纳外来人口最多，因此，经济社会对融资规模、金融服务质量等方面需求日益增长，为区域金融创新提供了有力的保障，区域金融创新会随之不断快速发展。欠发达省份的经济发展基础总体较为滞后，由于资金技术等问题无法支撑区域金融创新的进一步发展和完善，限制了区域金融创新水平的提高。间接效应值为0.1086，但未通过显著性检验，说明经济发展的空间外溢效应仅局限于本省范围，对周边省份区域金融创新未能产生显著作用。总效应值为1.0347且通过了显著性检验，总效应体现了直接效应与间接效应的综合作用，经济发展的直接效应强于间接效应，因此必然呈现出对区域金融创新显著的正向促进作用。

（2）政府干预。政府干预统计量的直接效应值为-0.1566，但未通过显著性检验，说明中国各省区市政府干预的程度对区域金融创新具有抑制作用，只是不那么显著，可能的是由于区域金融创新的技术进步已经基本依赖市场经济体制实现，政府对区域金融创新技术进步的干预效果弱化明显。政府干预统计量的间接效应值为0.6987，且通过5%的显著性检验，说明尽管政府干预对区域金融创新未产生显著直接影响，但对周边省份的区域金融创新起到了显著促进作用，可能是由于地方政府干预不利于本省金融生态环境，从而会导致金融资源的跨区域流出，由于邻近地区拥有地理相近、经济结构相近、社会人文相近等“地缘”与“人缘”优势，会吸引临近地区的金融资源流入，使邻近地区的金融资源相对增加，从而促进临近地区区域金融创新发展。总效应值为0.5189且通过了显著性检验，总效应体现了直接效应与间接效应的综合作用，政府干预的间接效强于直接效应，因此必然呈现出对区域金融创新显著的正向促进作用。

（3）对外开放。对外开放变量的直接效应值为0.9262，且通过了1%的显著性检验，符合预期假设，说明金融开放对区域金融创新能够带来有效推动效应。一方面，外资金融机构的进入会带来更为先进的管理经验，引导国内金融机构更好地进行贷款监管、降低风险；另一方面，外资进入会给国内机构带来改革创新的推动力，以构建更有效率的金融体系。间接效应值为-0.0309，但未通过显著性检验，说明对外开放的空间外溢效应与经济发展变量一样，仅局限于本省范围，对周边省份区域金融创新未能产生显著作用。总效应值为0.5189且通过了显著性检验，总效应体现了直接效应与间接效应的综合作用，对外开放的直接效应强于间接效应，因此必然呈现出对区域金融创新显著的正向促进作用。

（4）基础设施。基础设施变量的直接效应值为0.6447，且通过了1%的显著性检验，符合预期假设，说明基础设施水平的提升有利于完善创新环境，吸引资本、人才等要素流入，同时也能降低市场要素流动和交易的成本，提高劳动生产率，显著促进本省区域金融创新的发展。间接效应值为-0.4435且未通过显著性检验，对此的解释是区域基础设施建设水平的提升，带来的规模经济效应会吸引周边落后省域的劳动力、资本等生产要素转移至本省域，最终阻碍了周边省域的区域金融创新，进而产生负空间溢出效应，但产生的抑制作用并不那么显著。总效应值为0.2012且未通过显著性检验，总效应体现了直接效应与间接效应的综合作用，基础设施的直接效应强于间接效应，因此必然呈现对区域金融创新正向促进作用。

（5）信息化水平。信息化水平变量的直接效应值为 -0.3298，且通过了10%的显著性检验，说明信息化基础设施的扩张未必能促进其本省区域金融创新，理论上信息通信技术作为一种新的手段和渠道，突破了地理位置、人口密度等因素的影响，只要有终端设备、能够连接互联网，信息通信技术就能够为金融机构的运营和金融服务的使用提供便利，同时降低金融活动的交易成本，进而促进区域金融创新，但实证结果并非如此，可能是由于信息化基础设施投入和运营维护成本较高，非理性的规模化扩张反而会使其陷入低效的“索洛悖论”。间接效应值为 -0.6837 且通过了10%的显著性检验，说明信息化基础设施扩张对邻近省份具有显著的负向溢出效应，可能是由于本省信息化水平的提升，会加剧相邻落后省份的要素流失，进而对周边省份的区域金融创新产生抑制作用。总效应值为 -0.10135 且通过了5%的显著性检验，总效应体现了直接效应与间接效应的综合作用，信息化水平的直接效与间接效应均为显著负效应，因此必然呈现出对区域金融创新显著的抑制作用。

（6）知识密集度。知识密集度变量的直接效应值为 -0.0923，且通过了10%的显著性检验，说明知识密集度的提升不利于区域金融创新，可能存在以下几点原因：一方面，我国各地区受教育程度越不均衡，其贫富差距和各种社会结构的不稳定性越大，不利于整体区域金融创新；另一方面，我国人力资本构成中初级和中级人力资本占比大，高级人力资本占比小，初级和中级人力资本大多数从事以劳动密集型为主和技术含量低的工作，而从事资本技术密集型的金融行业的高端人才较少，因此，尽管知识密集度在不断提升，但低质量的人力资本限制了我国区域金融创新的发展。间接效应值为0.1400，但未通过显著性检验，说明知识密集的空间外溢效应仅局限于本省范围，对周边省份区域金融创新未能产生显著作用。总效应值为0.0477且未通过了显著性检验，因知识密集的直接效应弱于间接效应，因此对区域金融创新的影响并不显著。

（三）三大区域影响因素分析

事实上，由于中国区域发展的不平衡，各地区区域金融创新发展应该是不一致的，呈现区域特征。鉴于我国东、中、西部地区的区域格局，进一步分析区域金融创新空间溢出的区域效应，如表4-2、表4-3和表4-4所示。

表4-2　东部地区双固定效应空间面板杜宾模型（SDPM）及模型分解

变量	SDPM 模型	SDPM 模型分解		
		直接效应	间接效应	总效应
LNPGDP	0.6815*** (5.44)	0.7590*** (5.64)	0.6330** (2.80)	1.3920*** (4.66)
LNGOV	-0.0407 (-0.30)	-0.0776 (-0.54)	-0.2976** (-1.06)	-0.3752 (-1.06)
LNOPEN	0.0686 (0.81)	0.0693 (0.78)	0.0414 (0.23)	0.1107 (0.50)
LNINF	-0.5401*** (-5.22)	-0.5112*** (-5.07)	0.2512 (1.30)	-0.2600 (-1.14)
LNIU	0.6686*** (3.54)	0.7284*** (3.67)	0.4475 (1.14)	1.1759** (2.44)

续表

变量	SDPM 模型	SDPM 模型分解		
		直接效应	间接效应	总效应
LNKD	-0.0537 (-0.98)	-0.0986* (-1.72)	-0.3636 (-3.17)	-0.4622*** (-3.20)
W×LNPGDP	0.2358 (1.37)			
W×LNGOV	-0.2045 (-0.99)			
W×LNOPEN	0.0065 (0.05)			
W×LNINF	0.3707** (2.50)			
W×LNIU	0.0964 (0.33)			
W×LNKD	-0.2481*** (-3.10)			
ρ	0.3389*** (3.85)			
R^2	0.9777			

注：***、**和*分别表示回归系数在1%、5%和10%的显著性水平上显著。

表4-3　中部地区双固定效应空间面板杜宾模型（SDPM）及模型分解

变量	SDPM 模型	SDPM 模型分解		
		直接效应	间接效应	总效应
LNPGDP	0.5541*** (3.30)	0.5902** (3.18)	-0.2736 (-1.11)	0.3166 (1.58)
LNGOV	-1.4627*** (-7.95)	-1.4744*** (-7.54)	0.0698 (0.20)	-1.4046*** (-4.54)
LNOPEN	-0.0674 (-0.89)	-0.0522 (-0.65)	-0.1079 (-0.94)	-0.1601 (1.51)

续表

变量	SDPM 模型	SDPM 模型分解		
		直接效应	间接效应	总效应
LNINF	0.7409*** (6.47)	0.7092*** (5.59)	0.2539* (1.77)	0.9631*** (7.46)
LNIU	-1.0622*** (-3.28)	-1.0223** (-3.02)	-0.3758 (-0.76)	-1.3981** (-2.79)
LNKD	0.1942** (2.41)	0.1856* (2.13)	0.0143 (0.14)	0.1999* (2.01)
W×LNPGDP	-0.1431 (-0.58)			
W×LNGOV	-0.2527 (-0.63)			
W×LNOPEN	-0.1287 (-1.10)			
W×LNINF	0.4422** (2.52)			
W×LNIU	-0.6685 (-1.28)			
W×LNKD	0.0559 (0.53)			
ρ	-0.2361* (-1.84)			
R^2	0.8506			

注：***、**和*分别表示回归系数在1%、5%和10%的显著性水平上显著。

表4-4　西部地区双固定效应空间面板杜宾模型（SDPM）及模型分解

变量	SDPM 模型	SDPM 模型分解		
		直接效应	间接效应	总效应
LNPGDP	0.3357 (1.43)	0.3621 (1.49)	-0.7198* (-1.84)	-0.3577 (-0.86)
LNGOV	-0.3974*** (-2.61)	-0.4145** (-2.64)	0.2056 (0.76)	-0.2089 (-0.80)

续表

变量	SDPM 模型	SDPM 模型分解		
		直接效应	间接效应	总效应
LNOPEN	0.0499 (1.28)	0.0532 (1.29)	−0.0572 (−0.87)	−0.0040 (−0.06)
LNINF	0.3436** (2.26)	0.3418* (2.16)	0.2369 (0.88)	0.5787* (1.91)
LNIU	−0.6666* (−1.77)	−0.7047* (−1.97)	0.4820 (0.59)	−0.2227 (−0.22)
LNKD	0.2472** (2.18)	0.2295* (2.10)	0.4670* (2.13)	0.6965** (2.41)
W × LNPGDP	−0.7551* (−1.91)			
W × LNGOV	0.1699 (0.60)			
W × LNOPEN	−0.0518 (−0.74)			
W × LNINF	0.3239 (1.12)			
W × LNIU	0.4569 (0.48)			
W × LNKD	0.5640** (2.34)			
ρ	−0.1670* (−1.99)			
R^2	0.8924			

注：***、**和*分别表示回归系数在1%、5%和10%的显著性水平上显著。

（1）经济发展对省际区域金融创新的影响呈现区域差异。直接效应方面，东、中、西部均为正向影响，表现为影响程度东部地区＞中部地区＞西部地区，但东中部经济发展的影响通过了显著性检验，而西部地区并未通过，这可能是因为西部地区经济基础薄弱，未能对本省区域金融创新起到有效推动作用；间接效应方面，东部地区的空间溢出效应显著为正，中部地区空间溢出效应不显著，西部地区空间溢出效应为负，可能是因为经济越发达的地区，对邻近省域区域金融创新的扩散效应越大，反之落后的地区，会对邻近省域区域金融创新产生负向影响。

（2）政府干预对省际区域金融创新的影响存在区域差异。直接效应方面，东、中、西部均为负向影响，表现为影响程度中部地区 > 西部地区 > 东部地区，但东部地区政府干预的影响未通过显著性检验，可能是由于东部地区经济市场化程度更强，政府对金融创新技术进步的干预效果更弱；间接效应方面，仅东部地区的空间溢出效应通过显著性检验，中西部地区的空间溢出效应并不显著，可能是由于东部地区较强的市场化程度会对周边省份区域金融创新产生负面影响。

（3）对外开放对省际区域金融创新的影响同样存在区域差异。直接效应方面，东中部地区为正向影响，西部地区为负向影响，但都不显著，说明分地区来看，对外开放对区域金融创新的作用并没有体现出来；间接效应方面，与整体回归情况一致，东、中、西部地区均未通过显著性检验，说明对外开放的影响仅局限于本省范围，对周边省份区域金融创新未能产生显著作用。

（4）基础设施对省际区域金融创新的影响呈现区域差异。直接效应方面，东部地区为显著负向影响，而中、西部均为显著正向影响，表现为影响程度中部地区 > 东部地区 > 西部地区，这可能是因为中部地区承接东部地区产业转移的步伐比西部快，进而基础设施建设也比西部完善，因此中部地区基础设施对金融创新的推动作用远大于西部地区，东部地区基础设施较中西部地区更为完善，区域金融创新水平也较高，基础设施对区域金融创新的边际效应已呈现出递减趋势；间接效应方面，仅中部地区的空间溢出效应通过显著性检验，东西部地区的空间溢出效应并不显著，可能是由于中部地区基础设施水平增长快于东西部地区，且对周边省份区域金融创新起到良好的推动作用。

(5) 信息化对省际区域金融创新也呈现区域差异。直接效应方面，东部地区为显著正向影响，而中西部均为显著负向影响，表现为影响程度中部地区 > 东部地区 > 西部地区，这可能是由于中西部地区信息化基础设施投入和运营维护成本相对经济社会发展情况较高，使其陷入低效的“索洛悖论”，进而对区域金融创新产生抑制作用；间接效应方面，与整体回归情况一致，东、中、西部地区均未通过显著性检验，说明信息化的影响仅局限于本省范围，对周边省份区域金融创新未能产生显著作用。

(6) 知识密集度对省际区域金融创新也呈现区域差异。直接效应方面，东部地区为显著负向影响，而中西部均为显著正向影响，表现为影响程度西部地区 > 中部地区 > 东部地区，这可能是由于越落后的地区，区域金融创新提升空间越大，人力资本对区域金融创新的边际促进就越大，越发达的地区，区域金融创新水平越高，人力资本对区域金融创新的边际影响越来越小且最终产生抑制作用；间接效应方面，与直接效应情况一致，东部地区为显著负空间溢出效应，而中西部均为显著正空间溢出效应，可能是由于越发达的地区，对周边省份信息化水平的扩散效应越大，以致周边省份信息化对区域金融创新的边际效应越来越小。

（四）各子系统影响因素分析

不同类型的区域金融创新，它们的影响因素也是不同的。本书从金融市场创新、金融机构创新、金融产品创新、金融技术创新及金融监管创新5个方面对区域金融创新进行评价，因此，为了分析不同子系统影响因素，接下来将进一步分析区域金融创新五个子系统的影响因素。首先采用全局Moran指数来揭示我国省际区域金融创新各个子系统的空间自相关性。

从表4-5不难发现，2012~2017年我国省际区域金融创新各子系统都呈现出显著的正向空间自相关性，意味着这6年间区域金融创新五个子系统在空间上存在明显的相关性，即各子系统在空间上既非随机分布也非均质分布，而是受到与之邻近省域金融创新的影响，最终呈现出空间集群化特征。2012~2017年，省际金融市场创新的全局Moran指数总体上呈不断上升趋势，说明该系统的空间自相关性不断提升，即各省份受邻近省份金融市场创新的影响有所增强；省际金融机构创新的全局Moran指数总体上呈减小趋势，说明该系统的空间自相关性有所下降，即各省份受邻近省份金融市场创新的影响有所减弱；省际金融产品创新的全局Moran指数总体上也呈减小趋势，说明该系统的空间自相关性有所下降，即各省份受邻近省份金融市场创新的影响有所减弱；省际金融技术创新的全局Moran指数总体上呈增加趋势，说明该系统的空间自相关性不断提升，即各省份受邻近省份金融市场创新的影响有所增强，此外，该系统全局Moran指数均高于0.3，说明该系统空间自相关性较强；省际金融监管创新的全局Moran指数总体上呈增加趋势，说明该系统的空间自相关性不断提升，即各省份受邻近省份金融市场创新的影响有所增强，此外，该系统2012年和2014年全局Moran指数均高于0.1，说明这两个时间段内该系统空间自相关性较弱，但2015~2017年全局Moran指数上升至0.2以上，表明近年来金融监管创新的空间自相关性不断增强。

表4-5　我国区域金融创新各子系统全局空间自相关情况

年份	金融市场创新	金融机构创新	金融产品创新	金融技术创新	金融监管创新
2012	0.104* (1.584)	0.176** (2.188)	0.285*** (3.116)	0.357*** (3.645)	0.023 (0.540)
2013	0.116* (1.764)	0.180** (2.201)	0.234*** (2.762)	0.340*** (3.501)	0.118* (1.420)
2014	0.118* (1.789)	0.155** (1.995)	0.233*** (2.745)	0.346*** (3.559)	0.041 (0.692)
2015	0.133** (1.979)	0.112* (1.584)	0.189** (2.302)	0.305*** (3.181)	0.133* (1.538)
2016	0.164** (2.206)	0.117* (1.613)	0.231*** (2.640)	0.327*** (3.398)	0.235** (2.481)
2017	0.152** (2.078)	0.140* (1.839)	0.135** (1.871)	0.385*** (3.945)	0.256*** (2.676)

注：括号中给出了估计变量的z值；***、**和*分别表示回归系数在1%、5%和10%的显著性水平上显著。

全局空间自相关检验证明了2012~2017年我国省际区域金融创新五个子系统具有较强的空间关联性和空间结构性，因此，可进一步采用双固定效应空间杜宾模型进行实证检验，估计结果见表4-6。

表 4-6　　各子系统双固定效应空间面板杜宾模型（SDPM）及模型分解

变量	A		B		C		D		E	
	直接效应	间接效应	直接效应	间接效应	直接效应	间接效应	直接效应	间接效应	直接效应	间接效应
LNPGDP	0.7277** (2.44)	-0.8574* (-2.00)	0.4197 (0.97)	-0.1764 (-0.32)	0.7400 (1.32)	-0.4646 (-0.64)	-0.0379 (-0.59)	-0.2150* (-1.60)	1.0309*** (5.32)	0.4237* (1.69)
LNGOV	-0.1576 (-0.60)	0.3408 (0.72)	0.3538 (0.97)	0.3944 (0.69)	-0.5315 (-1.09)	0.4359 (0.54)	-0.1556** (-2.43)	-0.0759 (-0.44)	0.2951* (1.82)	-0.0052 (-0.02)
LNOPEN	0.0844 (1.35)	0.0214 (0.16)	-0.0059 (-0.06)	-0.2175 (-1.26)	-0.2154* (-1.71)	-0.0395 (-0.18)	-0.0116 (-0.83)	0.0001 (0.01)	0.1838*** (4.41)	-0.0247 (-0.33)
LNINF	-0.3103 (-1.15)	-0.4222 (-0.67)	1.3375*** (3.26)	-0.0866 (-0.11)	1.9771*** (3.72)	-0.7173 (-0.69)	0.4737*** (7.44)	0.8690*** (3.71)	-0.4764** (-2.76)	-0.3149 (-0.92)
LNIU	-0.0844 (-0.30)	0.6125 (0.96)	-0.7563** (-1.95)	-1.3131* (-1.69)	-0.9110* (-1.76)	-0.0364 (-0.04)	0.0607 (0.92)	-0.2177 (-1.02)	-0.4869** (-2.91)	-0.7386** (-2.11)
LNKD	-0.1462* (-1.85)	0.0754 (0.44)	0.1973* (1.79)	0.0564 (0.28)	0.3323** (2.12)	0.5350* (1.90)	0.0642*** (3.75)	0.0616 (-1.06)	-0.2550** (-5.20)	0.0387 (0.41)

注：***、** 和 * 分别表示回归系数在 1%、5% 和 10% 的显著性水平上显著。

其中，模型 A 为金融市场创新影响因素模型，模型 B 为金融机构创新影响因素模型，模型 C 为金融产品创新影响因素模型，模型 D 为金融技术创新影响因素模型，模型 E 为金融监管创新影响因素模型。观察模型 A 可知，直接效应方面，经济发展水平对本省金融市场创新起显著促进作用，知识密集度产生抑制作用，其余四个解释变量均未对本省金融市场创新产生显著影响；间接效应方面，仅经济发展产生显著空间溢出效应，且对邻近省域金融市场创新产生负向作用。观察模型 B 可知，直接效应方面，基础设施和知识密集度均对本省金融机构创新起到显著正向作用，其余解释变量未产生显著影响；间接效应方面，仅信息化产生显著空间溢出效应且对邻近省域金融机构创新产生负向作用。观察模型 C 可知，直接效应方面，基础设施和知识密集度对本省金融产品创新起到积极促进作用，对外开放和信息化则产生了显著负向作用，其余两个解释变量未产生显著影响；间接效应方面，仅知识密集度产生显著空间溢出效应且对邻近省域金融产品创新起到促进作用。观察模型 D 可知，直接效应方面，基础设施和知识密集度对本省金融技术创新起到积极促进作用，政府干预则产生了显著负向作用，其余三个解释变量未产生显著影响；间接效应方面，经济发展和基础设施产生显著空间溢出效应，其中经济发展对邻近省域金融技术创新产生抑制作用，而基础设施则起到促进作用。观察模型 E 可知，直接效应方面，经济发展、政府干预以及对外开放对本省金融产品创新均起到积极促进作用，基础设施、信息化以及知识密集均产生了显著负向作用；间接效应方面，经济发展和信息化产生显著空间溢出效应，其中经济发展对邻近省域金融技术创新起促进作用，而基础设施则产生抑制作用。

区域金融创新综合评价、空间差异及影响机制
Chapter 5

第五章　长三角区域金融创新特征、影响及效应

党的十九大报告中，“创新”是被高频率提及的亮眼词汇，这表明当今世界已迈入创新大时代，创新已然成为时代的主旋律。当前，我国建设自主创新型国家需要将创新贯穿于各个领域，而金融业作为社会经济发展的核心内容之一，亟须依赖创新。近年来，我国政府相继出台了一系列涉及金融改革的措施，如早期的珠三角、长三角的设立到后来的温州、珠三角以及泉州三个地区的金融改革实验区的确立，再到近期的“1 +3 +7”自贸区格局的形成，这些赋有显著地域性金融政策的出台进一步促进了我国金融区域性的发展。然而，与传统宏观金融学及微观金融学不同的是，区域金融创新作为“中观金融理论”研究的关键范畴，却长期未受研究者关注，值得深入探究。

正确、客观地评价和研究我国区域金融创新，是科学认识区域金融创新和合理制定相关政策的关键基础。长三角地区作为全国经济金融“领头羊”，测度其区域金融创新水平，研究其区域金融创新空间格局，一方面有助于不断推进长三角地区金融创新发展，另一方面对我国其他地区的金融创新发展具有一定的启示意义。

因此，本章节拟引入金融市场创新、金融机构创新、金融产品创新、金融监管创新及金融资源配置效率等指标构建综合评价体系，基于市域尺度，运用因子分析法对长三角地区市域的金融创新进行测度，并以测算的区域金融创新评价值为对象，运用探索性空间数据分析法（ESDA）分析长三角地区各地市金融创新的空间格局、空间相关性和差异性，并在此基础上提出相关政策建议。

一、研究方法与数据来源

（一）研究方法

1. 熵值法

学术界关于多指标综合评价的方法众多，可归纳为两大类：主观赋权评价法与客观赋权评价法。为规避指标权重确定过程中主观因素的干扰，本章将选用客观赋权的熵值法计算各指标权重，并结合加权求和法得到测度结果。熵值法的具体计算过程如下：

第一步，原始数据标准化：

正向指标为：

$$x'_{ij} = (x_{ij} - \beta_i)/(\alpha_i - \beta_i) \tag{5-1}$$

逆向指标为：

$$x'_{ij} = (\alpha_i - x_{ij})/(\alpha_i - \beta_i) \tag{5-2}$$

其中，x_{ij}代表第 i 个样本、j 项指标的初始值，x'_{ij}代表标准化指标值，α_i 为指标最大值，β_i 为指标最小值。

第二步，计算指标比重（p_{ij}）：

$$p_{ij} = x_{ij}/\sum_{i=1}^{n} x_{ij}, i = 1,2,\cdots,n; j = 1,2,\cdots,m \tag{5-3}$$

其中，n 为样本（城市）个数，m 为指标个数。

第三步，计算指标熵值（e_j）：

$$e_j = -k\sum_{i=1}^{n} p_{ij}\ln(p_{ij}) \tag{5-4}$$

其中，$k = 1/\ln(n), e_j \geq 0$。

第四步，计算信息熵冗余度（g_j）：

$$g_j = 1 - e_j \tag{5-5}$$

第五步，计算指标权重（w_j）：

$$w_j = g_j / \sum_{j=1}^{m} g_j \tag{5-6}$$

第六步，计算金融创新能力（F_i）：

$$F_i = \sum_{j=1}^{m} w_j p_{ij} \tag{5-7}$$

2. 全域空间自相关方法

采用 Global Moran's I 统计量反映市域金融创新空间关联程度的总体特征，其值介于 -1 和 1 之间，计算公式如下：

$$I = \frac{n\sum_{i=1}^{n}\sum_{j=1}^{n} W_{ij}(x_i - \bar{x})(x_j - \bar{x})}{\sum_{i=1}^{n}\sum_{j=1}^{n} W_{ij} \sum_{i=1}^{n}(x_j - \bar{x})^2} \tag{5-8}$$

其中，n 为长三角地区市域个数，x_i、x_j 分别为市域 i 和市域 j 的金融创新评价值；$\bar{y}$ 为全部市域金融创新评价值的平均值；W_{ij}为空间权重矩阵，用以定义空间单元的相互临接关系，当市域 i 和市域 j 相邻时 W_{ij}取 1，当市域 i 和市域 j 不相邻时 W_{ij}取 0；采用 z 值对 Global Moran's I 进行统计检验，$z = (I - E(I))/Var(I)$，如果 z 值大于 0，且在统计上显著则表明金融创新在空间分布上具有明显的正向相关性。

3. 聚类分析法

聚类分析法的基本原理如下：

第一步，选择欧几里得距离（Euclidean）定义样本间距离：

$$d_{ij} = \sqrt{\sum_{k=1}^{m} (X_{ik} - X_{jk})^2} \tag{5-9}$$

其中，d_{ij}为样本 i、j 之间的距离；X_{ik}、X_{jk}分别为第 i、j 个样本在第 k 个维度上的评价值。

第二步，依次求出任何两个样本点的距离系数 d_{ij}（i，j=1，2，…，n），可形成一个样本间的距离矩阵：

$$D = (d_{ij}) = \begin{bmatrix} d_{11} & d_{12} & \cdots & d_{1n} \\ d_{21} & d_{22} & \cdots & d_{2n} \\ \cdots & \cdots & \cdots & \cdots \\ d_{n1} & d_{n2} & \cdots & d_{nn} \end{bmatrix} \tag{5-10}$$

第三步，运用最长距离法进行聚类，设 X_i 为类 G_p 中的任一样本，X_j 为类 G_q 中的任一样本，则类 G_p、G_q 间的最长距离，即：

$$D_{pq} = \max_{X_i \in G_p, X_j \in G_q} d_{ij} \tag{5-11}$$

其中，若 d_{ij}越小，那么第 i 和第 j 个两个样品之间的性质就越接近，则可以划为同一类型。

（二）数据来源

选取江苏省 13 个地级市、浙江省 11 个地级市以及上海市作为研究区域，本章所用数据来源于 2007 年、2012 年以及 2017 年《江苏省统计年鉴》《浙江省统计年鉴》《上海市统计年鉴》，以及因上述资料部分数据缺漏、统计不准确而参考的部分年份的城市统计年鉴以及国民经济和社会发展统计公报。

二、长三角区域金融创新空间分异特征

通过熵值法综合测度得到长三角地区 2006 年、2011 年以及 2016 年区域金融创新综合评价得分值，如表 5－1 所示。

表 5－1　2006 年、2011 年和 2016 年长三角金融创新排序

城市	2006 年	排名	2011 年	排名	2016 年	排名
上海市	14523.67	1	42071.23	2	124444.21	1
杭州市	11924.17	2	48372.04	1	103783.80	2
宁波市	8269.85	5	35817.71	3	66798.66	5
嘉兴市	4509.58	10	20592.20	9	41128.62	10
湖州市	2695.61	15	13945.46	13	33188.47	15
绍兴市	5103.91	8	21774.09	8	43238.31	9
舟山市	4696.68	9	24147.44	7	44401.85	8
温州市	3739.14	12	17048.55	12	32914.08	16
金华市	3784.09	11	17291.04	10	39944.54	13
衢州市	1763.51	18	7902.93	20	25913.69	20
台州市	2918.48	14	12342.54	15	33875.82	14
丽水市	1757.71	19	8542.11	19	26093.72	19
南京市	10050.22	3	30187.46	4	100190.53	3
无锡市	7791.24	6	24559.98	6	62811.47	6
徐州市	1067.68	21	5444.83	21	17717.25	23
常州市	5203.58	7	17221.30	11	51101.88	7
苏州市	9293.70	4	25473.10	5	75656.86	4
南通市	2434.53	16	11773.13	16	40939.06	11
连云港市	970.54	23	5237.16	23	16741.24	24

续表

城市	2006年	排名	2011年	排名	2016年	排名
淮安市	888.73	24	4646.23	24	17863.99	22
盐城市	1037.29	22	5267.03	22	21012.50	21
扬州市	2050.55	17	9810.77	17	31915.68	17
镇江市	3290.48	13	12899.94	14	40840.96	12
泰州市	1667.43	20	9020.62	18	31036.99	18
宿迁市	505.84	25	3576.36	25	13917.02	25

（一）长三角区域金融创新差异分析

利用熵值法测算得到2006年、2011年以及2016年长三角地区区域金融创新的综合得分。从表5－2可以看出，长三角地区金融创新绝对差异快速扩大。2006～2011年，区域金融创新标准差从1381.590增长到4044.456；2011～2016年，区域金融创新标准差从4044.456增长到7106.175。依据综合评价得分结果，2006年，区域金融创新最高的是上海市，达到5316.438，最低的是宿迁市，仅为185.112，极差达到5131.325；2011年，区域金融创新最高的则成为杭州市，达到16332.957，最低的依然是宿迁市，为1204.855，极差达到15128.102；2016年，区域金融创新最高的是上海市，达到30707.426，最低的还是宿迁市，为3397.720，极差已高达27309.706。从绝对差异扩张程度来看，2006～2011年，区域金融创新扩张出现急剧增长的趋势，标准差的增长率高达193%，极差的增长率更是高至195%；2011～2016年，区域金融创新扩大的相对缓慢，标准差的增长率降为76%，极差的增长率也降到81%。2006～2016年，长三角地区金融创新绝对差异总体上逐年扩大，但绝对差异扩张速度有所减缓。

表5-2　2006年、2011年、2016年长三角地区金融创新区域差异指标变化值

年份	标准差	极差	变异系数
2006	1381.59	5131.325	0.843
2011	4044.456	15128.102	0.689
2016	7106.175	27309.706	0.637

长三角地区金融创新相对差异方面，呈现出逐年下降的趋势。2006~2011年，变异系数从0.843降至0.689，降幅为18%；2011~2016年，变异系数从0.689降为0.637，降幅为7.5%，与上一时间段对比，降幅程度明显变小。

（二）长三角区域金融创新空间格局

1. 分维度空间分异特征

长三角地区金融创新5个分维度指标在地理空间上也表现出相类似的区域分异格局，即整体上呈现出“中部地区>南部地区>北部地区”的规律特征。

（1）金融市场创新。2006年，中国刚开始对外全面开放金融市场，全国金融市场创新普遍较低，长三角地区共有19个城市金融市场创新都处于中等以下水平，金融市场功能逐渐完善的上海处于高水平，经济较为发达的南京市、无锡市、苏州市、杭州市以及常州市的金融市场创新处于较高水平。2011年，长三角地区金融市场继续保持健康发展，金融市场创新整体有所提高，高水平的金融市场创新集中分布于上海市及杭州市，较高水平的金融市场创新分布在宁波

市、南京市以及无锡市，其余城市金融市场创新均处于中等较低水平。2016 年，长三角地区不断推动区域金融市场融合发展和共建共享，金融市场创新普遍增强，高水平城市数量已逐步扩大，分布在上海市、杭州市、南京市、无锡市、苏州市以及常州市，较高水平主要集中分布在宁波市、金华市、镇江市、扬州市以及南通市，从经济发展和金融发展环境看，落后的苏北地区和浙南地区依然处于较低水平，详见表 5－3。

表 5－3　　2006 年、2011 年和 2016 年长三角金融市场创新水平

城市	2006 年	2011 年	2016 年	城市	2006 年	2011 年	2016 年
上海市	2510.21	2531.09	5030.36	无锡市	1130.58	1742.75	3693.56
杭州市	1056.08	2189.16	4370.02	徐州市	236.56	736.76	1460.69
宁波市	848.47	1815.00	2519.15	常州市	928.94	1479.68	3621.53
嘉兴市	708.95	1399.68	2267.72	苏州市	1095.28	1413.51	3798.84
湖州市	505.47	1200.13	2001.40	南通市	444.05	1262.48	2816.83
绍兴市	545.63	1066.00	1996.81	连云港市	220.58	558.34	1193.58
舟山市	794.14	1393.29	1913.63	淮安市	215.75	499.17	1196.43
温州市	476.75	1003.90	1737.18	盐城市	263.85	679.01	1453.64
金华市	616.90	1365.13	2646.16	扬州市	515.45	1110.66	2491.55
衢州市	313.21	657.76	1706.53	镇江市	620.05	1259.32	2404.56
台州市	441.50	905.31	1843.31	泰州市	421.95	1061.80	2009.71
丽水市	303.54	651.53	1734.69	宿迁市	114.29	394.40	972.99
南京市	1191.75	1706.32	4502.01				

（2）金融机构创新。2006 年，我国金融机构种类比较单一，基本上以银行业金融机构为主，因此长三角地区金融

机构创新整体不足，努力打造国际金融中心的上海市依然处于高水平，较高水平分布在杭州市与南京市，苏州市与宁波市属于中等水平，江苏的11个城市和浙江的9个城市处于较低水平。2011年，非银行金融机构不断壮大，长三角地区金融机构创新显著提升，上海市和苏州市处于高水平，较高水平城市数增加至9个，苏北地区和浙西南地区金融机构创新增速明显。2016年，长三角地区不断加强非银行金融机构管理，仅上海市保持高水平，较高水平城市数降至7个，经济发展落后的苏北地区和浙西南地区金融机构创新依然相对较弱，详见表5-4。

表5-4　2006年、2011年和2016年长三角金融机构创新水平

城市	2006年	2011年	2016年	城市	2006年	2011年	2016年
上海市	8.70	53.26	245.37	无锡市	0.05	24.82	50.48
杭州市	3.25	30.70	79.33	徐州市	0.09	28.04	57.03
宁波市	1.15	38.42	81.78	常州市	0.16	23.46	56.61
嘉兴市	0.16	31.59	66.75	苏州市	0.54	52.11	138.80
湖州市	0.16	18.95	44.98	南通市	0.08	29.36	60.50
绍兴市	0.19	25.78	61.50	连云港市	0.08	17.87	40.16
舟山市	0.01	6.50	12.14	淮安市	0.02	26.26	48.31
温州市	0.21	33.92	76.10	盐城市	0.03	30.76	58.73
金华市	0.16	29.66	63.69	扬州市	0.03	40.64	77.42
衢州市	0.09	11.60	26.33	镇江市	0.04	25.91	53.24
台州市	0.20	35.69	78.32	泰州市	0.03	21.76	43.57
丽水市	0.09	18.29	38.36	宿迁市	0.02	16.58	33.70
南京市	3.23	22.30	67.37				

（3）金融产品创新。2006 年，全国金融产品创新获得稳定发展，长三角地区金融产品创新发展也较为稳定，金融大都市上海市依然属于第一梯队，经济发达的杭州市、宁波市、南京市和苏州市属于第二梯队，总体上长三角地区金融产品创新是由中间向两端依次递减。2011 年，长三角地区金融产品创新有所削弱，除了上海市、杭州市以及苏州市在较高水平之上以外，其余城市均处于中等水平以下，且沿“上海→苏南与浙东北地区→苏北与浙西南地区”依次递减。2016 年，长三角金融产品创新整体提升，除徐州市、盐城市、扬州市以及镇江市外，空间分异格局无较大变动，仍保持 2011 年所形成的区域差异格局，详见表 5－5。

表 5－5　2006 年、2011 年和 2016 年长三角金融产品创新水平

城市	2006 年	2011 年	2016 年	城市	2006 年	2011 年	2016 年
上海市	6655.25	14401.34	31600.38	无锡市	974.29	2877.87	6505.78
杭州市	2203.03	5696.80	12643.47	徐州市	250.19	938.94	2975.31
宁波市	1291.47	3758.93	8110.68	常州市	500.26	1459.25	3901.98
嘉兴市	417.84	1278.70	2996.72	苏州市	1585.47	4787.03	12316.97
湖州市	198.19	681.77	1648.30	南通市	481.11	1520.60	4545.62
绍兴市	616.72	1720.39	3570.11	连云港市	125.54	459.52	1425.48
舟山市	129.61	430.77	890.20	淮安市	129.63	477.12	1697.75
温州市	775.00	2313.63	4394.37	盐城市	219.23	779.08	2671.66
金华市	477.21	1405.57	3299.20	扬州市	244.27	837.46	2565.73
衢州市	124.67	381.23	950.45	镇江市	248.04	796.24	2348.10
台州市	460.89	1336.75	3201.77	泰州市	220.23	803.81	2514.60
丽水市	121.74	385.09	911.45	宿迁市	75.94	367.62	1360.01
南京市	1712.84	4102.86	11217.88				

（4）金融资源配置效率。从表5－6可以看出，2006年、2011年以及2016年这3个时间点长三角地区金融资源配置效率的空间分异格局基本保持一致，上海市、杭州市、南京市、宁波市、苏州市以及无锡市始终处于较高水平，而苏北地区和浙西南地区一直处于较低水平，且沿“上海→苏南与浙东北地区→苏北与浙西南地区”依次递减，这种稳定的差异性与分异性，反映了长三角地区各城市金融产品资源配置效率的规律性特征，主要是由于各个城市金融体系市场化改革力度、金融结构改善程度的不同而形成的。

表5－6　2006年、2011年和2016年长三角金融资源配置效率

城市	2006年	2011年	2016年	城市	2006年	2011年	2016年
上海市	237587.63	384795.65	671494.95	无锡市	133890.23	239338.81	366807.68
杭州市	203653.81	471878.92	601381.69	徐州市	18008.71	52096.96	99739.22
宁波市	141747.38	350547.05	387288.58	常州市	89656.18	169221.42	302246.75
嘉兴市	77805.86	203755.65	244046.24	苏州市	158876.00	243576.76	428612.02
湖州市	46572.78	138369.97	199161.45	南通市	41347.36	114169.63	237890.50
绍兴市	87901.08	214649.83	255534.29	连云港市	16610.41	51367.79	98544.95
舟山市	81726.53	241916.90	270912.01	淮安市	15165.40	45380.30	104661.30
温州市	63566.13	165364.99	189303.51	盐城市	17528.89	50755.39	121046.15
金华市	64969.13	170106.86	235590.54	扬州市	35109.50	96258.60	188202.46
衢州市	30493.30	78437.98	156445.31	镇江市	56834.43	127483.59	244157.20
台州市	49909.48	120553.53	198788.04	泰州市	28495.89	88403.25	183234.72
丽水市	30405.28	84878.46	157647.80	宿迁市	8632.64	34926.56	81404.09
南京市	171794.79	292871.60	583384.56				

（5）金融监管创新。从表5－7可以看出，2006～2016年，长三角地区金融监管创新不断提升，2006年由于地方

金融管理制度不够成熟，仅有上海市和杭州市具有一定的金融监管创新，而其他城市还不具备金融监管创新；2011 年长三角地区金融监管创新整体提升，上海市和杭州市依然处于较高水平，南京市、宁波市、苏州市、无锡市以及温州市已具备中等水平的金融监管创新，金华市和台州市也具备了金融监管创新但水平较低，其余城市依旧不具备金融监管创新；2016 年，监管成为金融市场发展的主要基调，长三角地区所有城市都已具备金融监管创新，上海市、杭州市、南京市、宁波市、苏州市、无锡市以及温州市空间格局与 2011 年保持一致，其余城市金融监管创新均有所提升，但都处于较低水平。

表 5-7　2006 年、2011 年和 2016 年长三角金融监管创新水平

城市	2006 年	2011 年	2016 年	城市	2006 年	2011 年	2016 年
上海市	8.00	12.30	21.23	无锡市	0.00	4.73	8.49
杭州市	3.00	7.57	11.04	徐州市	0.00	0.00	5.09
宁波市	0.00	5.68	10.19	常州市	0.00	0.00	5.09
嘉兴市	0.00	0.00	5.94	苏州市	0.00	4.73	9.34
湖州市	0.00	0.00	5.94	南通市	0.00	0.00	5.09
绍兴市	0.00	0.00	4.25	连云港市	0.00	0.00	6.79
舟山市	0.00	0.00	4.25	淮安市	0.00	0.00	5.94
温州市	0.00	5.68	10.19	盐城市	0.00	0.00	4.25
金华市	0.00	1.89	6.79	扬州市	0.00	0.00	5.94
衢州市	0.00	0.00	5.94	镇江市	0.00	0.00	4.25
台州市	0.00	1.89	6.79	泰州市	0.00	0.00	5.09
丽水市	0.00	0.00	6.79	宿迁市	0.00	0.00	5.09
南京市	0.00	3.78	8.49				

2. 长三角区域金融创新类型

为更好地揭示长三角地区区域金融创新空间分异的客观规律，为长三角地区区域金融创新发展战略提供决策参考，根据2016年5个分维度指标的评价结果，借用系统聚类分析法将25个区域划为金融创新高值区、较高值区、中等值区、较低值区、低值区5大类型区。将聚类结果进行可视化处理，如图5-1所示。

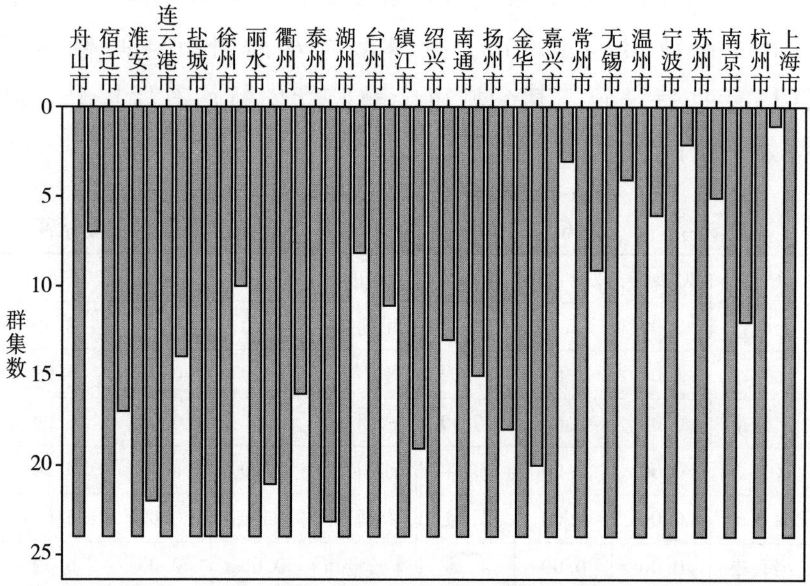

图5-1 2016年长三角区域金融创新聚类冰状图

区域金融创新高值区（Ⅰ）只有上海市，上海是中国最大的经济中心城市和改革开放的前沿阵地。该市牢固的金融发展基础以及完善的经济金融发展环境，为区域金融创新提供了动力源泉。区域金融创新较高值区（Ⅱ）包括杭州、南京、苏州，这3个城市是长三角地区除上海市以外，GDP达到万亿元以上的地区，经济实力较为雄厚。杭州是互联网金融、移动支付之城；苏州先天优势就是紧挨上海，紧跟上海科技等方面的创新步伐，甚至在某些方面和上海逐步同城化；南京在交通、科教创新上有着得天独厚的优势，产业的辐射和辐射范围较强。这都为区域金融创新的发展提供基础与动力。区域金融创新中等值区（Ⅲ）包括宁波、温州，此类型区特征是金融市场创新相对较高，金融机构创新相对较高，金融产品创新相对较低，金融资源配置效率处于中等水平，金融监管创新相对较高。区域金融创新较低值区（Ⅳ）包括无锡、常州，此类型区特征是金融市场创新相对较高，金融机构创新相对较低，金融产品创新相对较低，金融资源配置效率处于中等水平，金融监管创新相对较低。区域金融创新较低值区低值区（Ⅴ）包括嘉兴、金华、扬州、南通、绍兴、镇江、台州、湖州、泰州、衢州、丽水、徐州、盐城、连云港、淮安、宿迁以及舟山，此类型区特征是金融市场创新较弱，金融机构创新不足，金融产品创新落后，金融资源配置效率低下，金融监管创新情况较差。

3. 长三角区域金融创新总体空间分异特征

不同时间节点的长三角区域金融创新空间特征如下：

2006 年，长三角地区区域金融创新总体上呈现“双核并存，中部跟进，外围凹陷”的异质异构空间格局。“双核”位于上海市以及浙江杭州市，这两个城市经济发达、金融业综合实力强，金融创新必然处于长三角领头位置。“中部跟进”主要体现在国家二线城市和准一线城市，如南京、宁波、苏州、无锡，金融创新处于较高水平。“外围凹陷”主要体现在苏北和浙南地区，尤其是苏北地区的徐州、盐城、连云港、淮安及宿迁的金融创新位于长三角地区末端，处于低水平阶段；浙南地区的丽水、衢州和台州处于较低水平，经济发展滞后对这些城市的金融创新提升产生抑制作用。

2011 年，长三角地区区域金融创新总体上呈现“三核凸显，中部跟进，南高北低”的分布结构。“三核”在原来上海、杭州的“双核”基础上加入了宁波市，可能的原因是当年宁波市开展了“金融服务创新年”活动，对推进宁波智慧金融建设以及促进金融创新等方面起到了一定的促进效应。中部地区保持与 2006 年一致，依然呈“中部跟进”态势，南京、苏州、无锡较高水平不变，舟山市在 2011 年被批准设立舟山群岛新区，海洋金融创新得到飞速发展，成功跻身长三角地区金融创新第二梯队。“南高北低”主要体现在：长三角南部地区金融创新普遍比北部要强，北部创新低的区域主要位于徐州、盐城、连云港、淮安及宿迁。

2016 年，长三角地区区域金融创新总体上呈现“三足鼎立，三线跟进，中高外低”的分布结构，“三足”位于上海、杭州以及南京，上海即将建成国际金融中心，杭州为我国互联网金融与移动支付之城，南京金融竞争力指数全国第五，这三个城市的金融创新实力自然在长三角地区名列前茅。“三线”指三个国内二线城市宁波、苏州、无锡，金融创新在长三角地区处于较高水平，宁波市获批首个国家保险创新综合试验区，宁波金融改革创新首次上升为国家战略；苏州市沿用了新加坡经济发展模式，深化金融改革，助力科技创新，实现了科技创新高地到区域金融中心的华丽转身；无锡市上市公司的爆发式增长，使社会融资结构不断优化。“中高外低”意味着长三角中部区域金融创新处于中高等水平，除了“三足”“三线”以外，嘉兴、舟山、绍兴、金华、镇江、常州、南通等城市近年来不断推进地方金融改革创新，加快地方金融发展环境建设，因此金融创新处于中等水平；位于外围的苏北和浙西南地区的12个城市经济实力弱于其他城市，金融发展较滞后，金融创新也就相对较低。

4. 长三角区域金融创新发展水平空间格局演化

利用金融创新发展水平测算方法，选择2006年、2011年和2016年为研究时间截面，计算长三角地区各地市金融创新与区域金融创新平均值的比值，测算各地市金融创新发展水平，如表5-8所示，并分析长三角地区金融创新发展水平空间格局演变趋势。

表5-8　长三角地区各城市金融创新发展水平排序

城市	2006年	排名	2011年	排名	2016年	排名
上海市	3.2447	1	2.4239	2	2.7532	1
杭州市	2.6625	2	2.7819	1	2.2859	2
宁波市	1.8464	5	2.0586	3	1.4684	5
嘉兴市	1.0072	10	1.1832	9	0.9033	10
湖州市	0.6022	15	0.8014	13	0.7290	15
绍兴市	1.1395	8	1.2511	8	0.9492	9
舟山市	1.0492	9	1.3874	7	0.9751	8
温州市	0.8351	12	0.9806	12	0.7237	16
金华市	0.8452	11	0.9939	10	0.8783	13
衢州市	0.3940	18	0.4541	20	0.5694	20
台州市	0.6518	14	0.7093	15	0.7444	14
丽水市	0.3926	19	0.4909	19	0.5734	19
南京市	2.2445	3	1.7358	4	2.2055	3
无锡市	1.7398	6	1.4104	6	1.3777	6
徐州市	0.2384	21	0.3120	21	0.3859	23

续表

城市	2006 年	排名	2011 年	排名	2016 年	排名
常州市	1.1624	7	0.9894	11	1.1215	7
苏州市	2.0749	4	1.4626	5	1.6610	4
南通市	0.5437	16	0.6761	16	0.8976	11
连云港市	0.2169	23	0.3009	23	0.3671	24
淮安市	0.1986	24	0.2666	24	0.3909	22
盐城市	0.2317	22	0.3021	22	0.4595	21
扬州市	0.4582	17	0.5634	17	0.6993	17
镇江市	0.7351	13	0.7411	14	0.8958	12
泰州市	0.3726	20	0.5181	18	0.6802	18
宿迁市	0.1130	25	0.2052	25	0.3046	25

长三角地区金融创新发展梯度差异显著。作为长三角地区中心城市的上海市、杭州市的金融创新发展水平远高于区域平均水平。2006 年，上海市的金融创新发展水平是平均水平的 3.2 倍，杭州市也有 2.7 倍之多；2011 年，杭州市上升至 2.8 倍，上海市虽有所下降，但依然为较高的 2.4 倍；2016 年，上海市为 2.8 倍，杭州市为 2.3 倍。与上海、杭州两市庞大的金融创新发展规模相比，徐州市、连云港市、宿迁市、淮安市、盐城市等地市的金融创新能力虽略有提高，但发展规模仍然显得格外弱小。2006 年，金融创新发展水平最低的宿迁市，金融创新能力仅占区域平均值的 0.1，与最高的上海市相比，金融创新发展水平低了 3.1，金融创新发展相对滞后；2016 年，金融创新发展水平的宿迁市与最高的上海市相比，差值虽然减小，但依然较大，已达到 2.5。因此，随着金融创新“巨头”城市的发展，长三角地区金融创新能力呈现出巨大的梯度差异。

长三角地区金融创新发展水平普遍较低。本章所研究的

25个地市中，绝大多数城市的金融发展处于低级水平。2006年，除上海市、杭州市、南京市、苏州市、宁波市、无锡市、常州市、绍兴市、舟山市以及嘉兴市这10个地市的金融创新发展水平高于区域平均水平外，其余15个地市均处于区域平均水平之下。2011年，常州市金融创新发展水平有所下降，金融创新发展较发达地市个数降为9个，意味着有16个地市为金融发展欠发达和落后地区。2016年，舟山市、绍兴市以及嘉兴市金融创新发展出现减速，常州市出现增速，长三角地区金融创新发展水平高于平均水平的地市个数降为7个，分别是上海市、杭州市、南京市、苏州市、宁波市、无锡市以及常州市，金融创新发展水平低于均值的地市个数增至18个。因此，就整个长三角而言，金融创新发达城市数量偏少，区域内金融创新发展水平普遍较低。

5. 长三角区域金融创新空间相关性

本书运用空间自相关方法，进一步探究长三角市际差异的空间相关情况。从表5-9的全局Moran's I来看，2006~2016年长三角地区各市金融创新能力全局空间自相关Moran's I指数整体表现为平稳。2006年全局Moran's I指数为0.245，2011年为0.211，期间稍有降幅，反映出长三角地区市域金融创新能力在2006~2011年的空间变化不明显。分时间段来看，2006~2011年，全局Moran's I指数由0.245升至0.314，增幅明显，说明该时间段长三角地区各市金融创新能力差异在不断增大，且空间集聚态势明显；2011~2016年这段时间内，长三角地区金融创新能力全局Moran's I指数出现下跌，但基本上与2006年保持平稳状态，该变化态势反映出2006~2016年长三角地区区域金融创新能力始终呈空间正相关，且该空间关系无太大波动，区域金融创新水平整体呈现出集聚现象。

表 5－9　长三角地区金融创新能力全局 Moran's I 统计值

年份	Moran's I 值	E（I）	sd（I）	Z（I）	P 值
2006	0.245	－0.042	0.137	2.092	0.036
2011	0.314	－0.042	0.137	2.595	0.009
2016	0.211	－0.042	0.135	1.864	0.062

全局 Moran's I 指数无法分析出各个省区市的空间集聚特征。为此，就需要结合局部 Moran's I 指数来测算长三角各个城市的空间属性及某个城市与周边市域的空间关联程度。据此，本章选取 2006 年、2011 年与 2016 年 3 个年份的长三角地区各城市金融创新能力作为研究指标，运用 STATA 软件计算得到 Local Moran's I 指数，为了能够更为直观地显示出各城市与邻近城市金融创新之间的关系，作出了这 3 年长三角地区城市金融创新能力的局部 Moran's I 指数散点图，如图 5－2 所示。

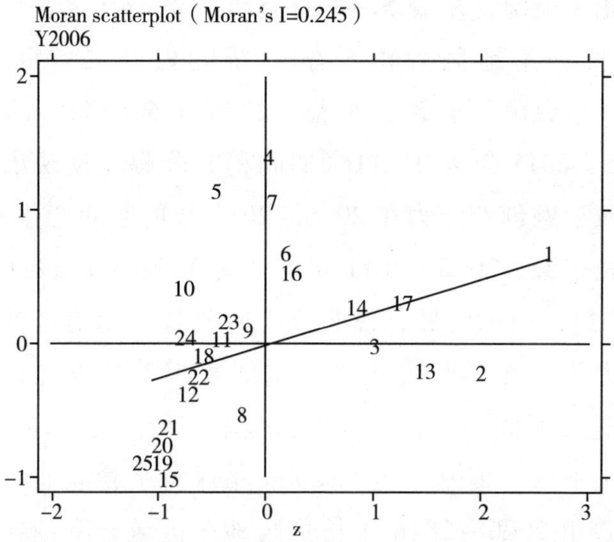

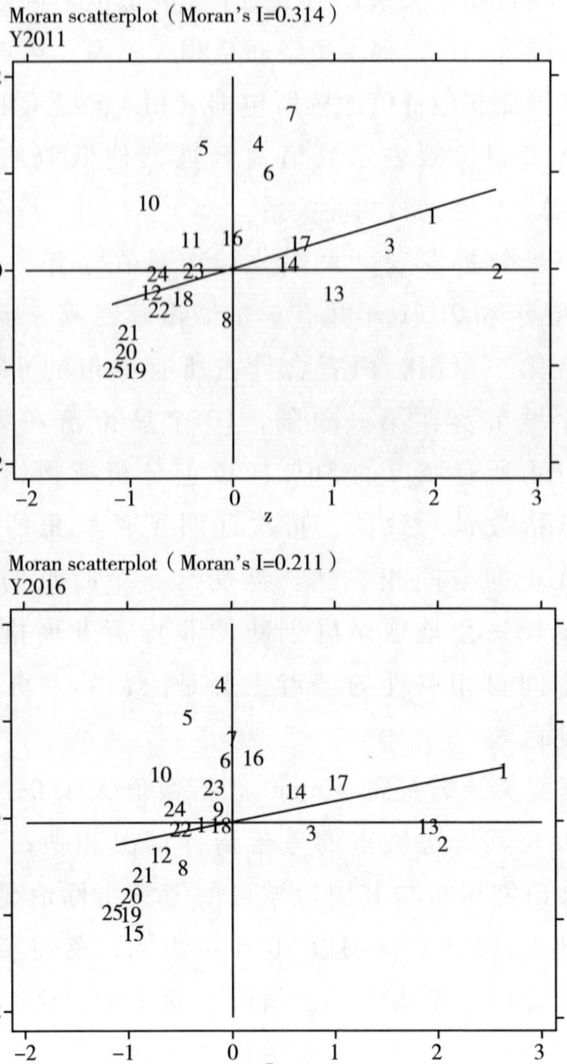

图 5－2　2006 年、2011 年及 2016 年城市金融创新能力局部 Moran's I 指数散点图

不难发现，各个市域金融创新发展共存在 4 种空间相关模式：第一象限代表高值地区被其他高值地区所包围（HH），揭示正空间自相关关系；第二象限代表低值地区被其他高值地区所包围（LH），揭示负空间自相关关系；第三象限代表低值地区被低其他低值地区所包围（LL），揭示正空间自相关关系；第四象限表示高值地区被其他低值地区所包围（HL），揭示负空间自相关关系。

进一步分析发现，大部分城市落在了第一和第三象限，2006 年和 2011 年共有 7 个城市落在第一象限，9 个城市落在第三象限，两者合计占所有城市的 64%；2016 年有 4 个城市落在第一象限，10 个城市落在第三象限，两者合计占所有城市的 56%。以上分析所得结论与全局 Moran's I 指数是一致的，再次证明了长三角的地区金融创新存在正向空间相关性。纵观这三个时点的象限，明显体现了长三角地区金融创新的非均衡发展格局，表现为正向空间自相关性的城市主要是上海市、苏南地区和浙西南地区。

根据定义，若局部 Moran's I 指数值大于 0，意味着被研究城市与其周边城市的考察指标情况相似；若小于 0，则反映被研究城市与其周边城市的考察指标情况相异，属于“非典型区域”。本书以 2016 年为例，落在第一象限的城市有上海市、无锡市、常州市、苏州市，说明这些城市属于“高—高”集聚型，表明这些区域金融创新较高的城市与同为较高水平城市相邻的正空间自相关集群，它们的金融创新的快速提升会对周边城市产生积极的辐射效应；落在第三象限的城市有温州市、台州市、丽水市、徐州市、南通市、连云港市、淮安市、盐城市、扬州市以及宿迁市，说明这些城市属于“低—低”集聚型，表明这些区域金融创新不高的城市与同为较低水平城市相邻的正空间自相关集群，这些城市及周边城市的区域金融创新都处于较低水平；落在第二象限的城市有嘉兴市、湖州市、绍兴市、舟山市、金华市、衢州市、镇江市以及泰州市，说明这些城市属于“低—高”集聚型，表明这些区域金融创新不高的城市被周边较高水平城市包围的负向空间自相关集群；落在第四象限的城市有杭州市、宁波市、南京市，说明这些城市属于“高—低”集聚型，表明这些区域金融创新较高的城市被较低水平城市包围的负向空间自相关集群。

三、长三角区域金融创新影响机理

区域金融创新受诸多因素影响，学术界对此展开广泛而深入的研究。Drebentsov 等（2006）认为经济增长为区域金融创新提供必需的物质及非物质支撑条件，条件越完备越有助于金融创新发展；蒋岳祥等（2007）认为地方政府干预会促成对区域金融创新的追求，对外开放能够促进金融活动的突破与创新；宋丹梅（2013）认为社会信用环境、金融文化以及基础设施等金融地理环境是影响区域金融创新的重要因素。综合现有研究成果，结合长三角区域金融创新的具体态势，本章将影响长三角区域金融创新的因素归纳为经济发展和金融地理环境两个层面，每个层面具体解释变量及定义见表 5－10。为便于数据的可比较性和避免模型的异方差性，对所有变量进行对数化处理。

表 5－10　　解释变量指标选取及说明

要素	解释变量	定义与解释	预期
经济发展	经济基础（PGDP）	人均 GDP	+
	政府干预（LFR）	地方财政收入	+
	对外开放水平（DDFT）	进出口总额/地区 GDP	+
金融地理环境	金融风险（NPLR）	商业银行不良贷款率	−
	文化产业发展（ICI）	公共图书馆图书藏量	+
	基础设施（GRM）	等级公路里程	+
	信息化水平（IU）	国际互联网用户	+

依据空间计量经济学方法原理，为检验金融创新在地理空间上的相关性，以“地理”空间矩阵作为空间权重矩阵，利用 2006 年、2011 年以及 2016 年长三角地区 25 个地市的金融创新指标计算 Moran's I 指数。2006 年和 2011 年的金融创新 Moran's I 值在 5% 的显著性水平下显著，2016 年的 Moran's I 值在 10% 的显著性水平下显著，充分说明长三角地区 25 个地市金融创新在空间上具有明显的空间自相关关系（即空间依赖性），表明地市间的金融创新存在空间交互效应。因此，本章选取 2016 年长三角地区各地市金融创新为被解释变量，采用表 5－10 中因素为解释变量，利用 SLM 模型与 SEM 模型，综合甄别长三角地区金融创新的主要影响因素。

根据表 5－11 的回归结果可知，SEM 中的参数 λ 和 SLM 中的参数 ρ 都通过了 10 % 的显著性检验，这说明随着经济全球化、市场化和信息化的不断发展，长三角区域金融创新空间集聚现象日益明显，金融创新发展的空间依赖性和空间溢出效应显著。通过比较发现，SEM 和 SLM 模型所得到的估计结果基本相同。

表 5-11 SEM 模型与 SLM 模型估计结果

	SEM	SLM
lambda/rho	0.0043*	-0.0050*
C	-10.9387***	-11.1428***
LNPGDP	1.5350***	1.5604***
LNLFR	-0.6121***	-0.6393***
LNDDFT	0.2374	0.2435
LNNPLR	7.5701	7.6995
LNICI	0.2483**	0.2522**
LNGRM	0.1613	0.1587
LNIU	0.5175*	0.5381**
AIC	5.0298	5.1806
Log L	7.4851	7.4097
SC	17.2186	17.3694

注：*、**、*** 分别表示通过 10%、5%、1% 显著性检验。

区域经济发展层面，经济基础对金融创新产生显著的正向作用，与预期吻合。一般地，区域经济发展水平越高，社会对金融业的需求也就越大，金融创新会随着社会对融资规模、金融服务质量等各类需求的增长而不断发展。上海、杭州、南京、苏州、宁波等作为长三角经济发达地区，金融业也较为发达，金融创新能力非常高。政府干预对区域金融创新具有显著的负向作用，与预期不一致。可能的原因是：长三角地区大多数地方政府的层级比较复杂，难以充分发挥其作用。层级越少的政府，可能是越有效率的政府，不仅是信息传递效率，还包括招商引资、出台各种优惠措施以及为金融创新发展提供“后勤服务”的效率。对外开放水平在模型中虽然对金融创新起促进作用，但是未能通过10%的显著性检验，可能的解释为：长三角地区大部分地市对外开放水平的提高程度并不能满足当地金融业发展需要，因而使对外开放的促进效应未能充分发挥。

区域金融地理环境层面，金融风险变量没有通过显著性检验，与预期不一致，可能的解释为：长三角地区防范化解金融风险工作成效显著，有效遏制了金融风险对地区金融创新的负向作用的产生。文化产业发展对金融创新具有显著的促进效应，与预期相符，文化产业发展与金融创新息息相关、互利共生，文化产业发展为推进金融创新开辟广阔空间，近年来，长三角地区加快经济结构调整和创新转型升级发展，大力发展文化创意产业，进一步促进了长三角地区金融创新驱动发展。信息化水平对金融创新产生了显著的正向影响，符合预期，信息技术在金融领域的应用越来越广泛，在推动金融创新与发展、提升金融业核心竞争力、服务经济与社会发展发挥了重要作用，已成为决定长三角地区区域金融创新和金融竞争力提升的关键因素之一。

四、长三角区域金融创新的经济增长效应

（一）经济效应模型

参考马尔科·帕加诺提出的理论框架来阐述金融系统对经济增长的影响力。假设经济中仅生产一种商品，总产出是总资本存量的线性函数：

$$Y_t = AK_t \tag{5-12}$$

对式（5－12）两边进行微分并同时除以 Y_t，得到：

$$g = \frac{dY_t/dt}{Y_t} = A\frac{dK_t/dt}{Y_t} = A\frac{I_t}{Y_t} \tag{5-13}$$

在金融市场非均衡情况下，只有 φ 比重的储蓄转化为投资：

$$\varphi S_t = I_t \tag{5-14}$$

假设储蓄率为 s，则经济增长率可表示为：

$$g = A\varphi s \tag{5-15}$$

从上述理论模型可以看出，金融创新作用于经济增长的机理主要体现在以下三个方面。

第一，金融创新发展通过影响储蓄率 s 来影响经济增长。一方面，金融创新发展可以更好地带动储蓄；另一方面，由于替代效应和收入效应，较大范围的风险分散和流动性的提高也可能减少储蓄（Jappelli & Pagano，2004）。另外，若考虑开放经济，金融创新发展有利于吸引外资流入，从而增加储蓄。这些因素都对储蓄影响产生的效应是不明确的，从而导致金融创新发展和经济增长关系的方向是不确定的。

第二，金融创新发展提高储蓄—投资转化率 φ 进而促进经济增长。金融创新加剧了金融市场竞争，提高了金融部门的运作效率，使相应所吸收的资源，如金融部门的经营成本和利润、承担的风险升水、寻租、交易税等也大大减少，金融市场的交易成本得到降低，更高比例的储蓄转化为投资，从而使经济增长率提高。

第三，金融创新发展提高资本的边际生产力以及加速技术创新进而促进经济增长。通过评估、筛选、监督具有高收益率和创新性投资项目，促使企业资源配置效率的提高和技术创新的推进；通过提供风险分担机制，如资产组合管理、信贷期权等引导资源向风险高但更具生产性技术的项目集中；为家庭和政府提供融资，促进资本的形成和积累。

（二）变量指标选取

（1）被解释变量。经济增长（ECOG）。本章主要研究长三角区域金融创新对区域经济增长的影响效应，以长三角地区的经济发展状况作为主要研究对象，因而选取各个城市的人均地区 GDP 作为被解释变量来衡量长三角区域经济增长情况。

（2）核心解释变量。金融创新（FINO）。采用前面由熵值法测得的区域金融创新能力值作为金融创新变量，用来代表核心解释变量。

（3）控制变量。本章选取城镇化水平（URRA）、政府财政支出（GOVF）、人力资本（HUCA）以及市场开放度（OPEN）作为计量模型的控制变量。具体地，城镇化水平采用城镇化率来衡量，城镇化率 = 城镇常住人口/常住总人口；政府财政支出以政府财政支出与 GDP 的比重来衡量其规模；人力资本以普通高校在校学生总人数与常住总人口比重来表示，用于衡量地区人才集聚水平；市场开放度以各城市对外进出口总额与 GDP 的比重来表示。

（三）实证检验

由于全局空间自相关检验已揭示出长三角地区各城市经

济增长间存在较强的空间关联性，因此需要建立空间计量模型。分别建立 SEM 和 SLM 模型，利用极大似然法对参数进行估计，并对比两种模型的估计结果，如表 5－12 所示。

表 5－12　SEM 模型与 SLM 模型估计结果

	SEM	SLM
λ/ρ	-0.0001^{***}	-0.0011^{*}
C	9.5795^{***}	9.5925^{***}
FINO	0.2379^{*}	0.2370^{*}
URRA	-0.3003	-0.2891
GOVF	-0.2543^{***}	-0.2503^{***}
HUCA	0.2200^{***}	0.2197^{***}
OPEN	0.1160^{*}	0.1154^{*}
AIC	-21.2344	-21.2386
Log L	18.6172	18.6193
SC	-11.4834	-11.4876

注：*、**、*** 分别表示通过 10%、5%、1% 显著性检验。

观察表 5－12 不难发现，空间自相关系数（ρ、λ）显著为负，说明长三角地区经济增长存在负空间相关性，验证了空间效应的存在。比较 SLM 模型和 SEM 模型的估计结果易知，SLM 模型的 LogL 值比 SEM 模型的值更大，且 SLM 模型的 AIC、SC 值比 SEM 值更小，故最终选取 SLM 模型分析长三角区域金融创新的经济增长效应。

以下对 SLM 模型的估计结果进行分析：

首先，核心解释变量方面，长三角区域金融创新对经济增长的影响系数为 0.2370，且在 10% 的显著性水平上显著，表明对于长三角地区来说，金融创新对地区经济增长具有积极的驱动作用。长三角地区作为我国重要的经济区域，以实施创新驱动战略为指引，围绕金融服务实体经济为核心，积极推动金融创新发展，不断提升金融服务实体经济和创新创业的能力，金融业发展水平得到有效提升，金融科技已成为金融企业发展的强劲引擎。区域金融的协同发展、互补协调、合作共赢，有效促进了资本在区域内的集聚，实现了金融资源在区域内的自由流动和优化配置，为长三角地区经济高质量增长提供了重要保障。

其次，控制变量方面，城镇化水平对经济增长并未产生显著影响，表明近年来城镇化进程并不能带来长三角地区经济的增长，可能的原因是：虽然长三角地区是我国城镇数量最多、城镇人口密度最大、城镇化水平最高的地区之一，但近年来城镇化率增长缓慢，加上产业结构的调整，导致城镇化促进经济增长的后劲不足；政府支出对经济增长的影响显著为负，可能的原因是：长三角地区大部分城市的财政支出规模偏小，导致政府支出对经济增长的促进作用没有发挥出来；人力资本和市场开放均对长三角地区的经济增长产生显著正向作用，表明人才资源、对外贸易是长三角地区经济增长的重要引擎。

区域金融创新综合评价、空间差异及影响机制
Chapter 6

第六章 区域金融创新差异特征及影响机理：以浙江为例

近年来，浙江省积极推进各个领域改革创新，浙江金融改革目前已成全国金融改革试点最早、改革成果最多、改革创新最活跃的省份之一。除了一系列地方金融改革外，区域金融改革成效初显，各种综合示范区建设稳步推进，浙江网商银行、温州民商银行、东海航运保险、杭州银行消费公司等一批金融机构应运而生，玉皇山南基金小镇、南湖基金小镇等一批特色小镇发展迅速，独具浙江特色的金融创新不断涌现。与此同时，浙江省金融创新逐渐呈现出“虹吸效应”的发展特征，即城市聚集了丰富的金融资源，而大部分县（市）的存贷款、直接融资、保费收入等指标占全省的比重与其在全省经济总量中的地位不匹配，浙江县域金融业存在规模不大、发展水平不高、服务能力不强等“短板”。

因此，本章以浙江为例，基于县域尺度，准确分析县域金融创新空间分异特征，厘清制约浙江县域金融创新发展的主要因素，这不仅是浙江金融改革与发展面临的重要现实问题，同时也是当前学界关注的焦点之一。

一、研究方法与数据资料

（一）研究方法

1. 因子分析法

因子分析法是多元统计分析方法的一种，主要是利用降维将多个指标提取成几个公共因子。表达式为：

$$X_i = \alpha_{i1}f_1 + \alpha_{i2}f_2 + \cdots + \alpha_{ij}f_j + \varepsilon_i (i = 1, 2, 3, \cdots, m) \quad (6-1)$$

其中，f_1，f_2，…，f_3 为公共因子；j 为无法观测的随机变量；ε_i 为特殊因子；α_{i1}，α_{i2}，…，α_{ij}为第 i 个公共因子的方差贡献率。

2. 变异系数方法

变异系数（CV）往往用于衡量研究对象之间的相对差异程度，以所选样本的标准差与均值之比来反映，计算公式为：

$$CV = \frac{1}{\bar{y}}\sqrt{\sum_{i=1}^{N}(y_i - \bar{y})^2/N} \tag{6-2}$$

其中，y_i 是第 i 县域的金融创新能力；$\bar{y}$ 表示浙江县域金融创新能力的平均值；N 代表县域总数。变异系数值越大，意味着浙江县域金融创新发展越离散。

3. 基尼系数方法

基尼系数（G）通过刻画空间集聚情况来反映县域金融创新的相对均衡度，计算公式为：

$$G = 1 + \frac{1}{N} - \frac{2}{N^2\bar{y}}(y_1 + 2y_2 + 3y_3 + \cdots + Ny_N) \tag{6-3}$$

其中，N 表示县域数量；$\bar{y}$ 是县域金融创新能力的均值；y_1，y_2，…，y_N 表示从高到低的金融创新水平。基尼系数值越小，意味着浙江县域金融创新发展越离散。

4. 偏态系数方法

偏态系数（CS）常用来衡量数据偏离正态分布的程度，本章借助该系数反映县域金融创新能力对称（即偏态）情况，计算公式为：

$$CS = (\bar{y} - y_m)/\sigma \tag{6-4}$$

其中，$\bar{y}$ 表示县域金融创新能力的均值；y_m 表示浙江县域金融创新能力的中位数；σ 表示浙江县域金融创新能力的标准差。偏态系数的绝对数值越小，表示数据偏倚的程度越小；偏态系数的绝对数值越大，表示数据偏倚的程度越大。

5. NICH 指数方法

NICH 指数。NICH 指数用于衡量各个县域在某一时期内相对于整体研究县域的发展速度，其计算公式如下：

$$\mathrm{NICH} = \frac{Y_{2i} - Y_{1i}}{Y_2 - Y_1} \tag{6-5}$$

其中，Y_{1i}、Y_{2i}分别表示区域 i 在某一时期末期和初期的区域金融创新能力；Y_1、Y_2 则分别表示整个研究区域在某一时期末期和初期的区域平均金融创新能力。NICH > 1 表明该地区的金融创新发展增速大于区域平均水平的增速，0 < NICH < 1 表明该地区的金融创新发展增速小于区域平均水平的增速，NICH < 0 表明该地区的金融创新能力出现负增长。

6. 空间计量模型方法

学界常用的空间回归模型主要是空间滞后模型（SLM）和空间误差模型（SEM）。

（1）空间滞后模型（SLM）。该模型主要用于探讨相邻县域的变量对整个系统内其他县域的同一变量存在影响的情况，其表达式为：

$$y = \rho Wy + X\beta + \varepsilon \tag{6-6}$$

其中，y 表示 $n \times 1$ 的因变量变量；ρ 表示空间相关系数；W 表示 $n \times n$ 的空间权重矩阵；Wy 表示空间滞后因变量；X 表示 $n \times n$ 特征自变量矩阵；β 反映自变量对因变量的影响程度；ε 为随机误差项向量。

（2）空间误差模型（SEM）。该模型主要用于探讨误差项之间存在空间自相关的情况，其表达式为：

$$y = X\beta + \varepsilon,\ \varepsilon = \lambda W\varepsilon + \mu \tag{6-7}$$

其中，ε 为随机误差项向量；β 为 n×1 阶因变量的空间误差系数；λ 为空间残差回归系数；W 表示 n×n 的空间权重矩阵；μ 为正态分布的随机误差向量。

（二）研究资料

本部分所有的原始资料来源于 2006~2016 年《浙江省统计年鉴》，由于 2006 年缺少义乌市相关数据，2013 年缺少绍兴县及上虞市相关数据，因此还参考了 2007 年《义乌市统计年鉴》以及 2014 年《绍兴市统计年鉴》。

二、浙江县域金融创新差异总体特征

（一）县域金融创新差异分析

2006~2016 年，浙江 69 个县域金融创新的标准差波动性不断扩大，2011 年标准差为 20947.6793，是 2006 年的 1.1 倍，2016 年为 69219.6347，是 2011 年的 3.3 倍，说明浙江县域金融创新的绝对差异呈波动上升态势（见表 6-1）。2006~2016 年的变异系数和基尼系数反映出浙江县域金融创新的相对差异呈不断缩小趋势，2011 年的变异系数比 2006 年下降了 10%，基尼系数比 2006 年下降了 4%，2016 年的变异系数比 2011 年下降了 43%，基尼系数比 2011 年下降了 44%，这表明浙江区域金融创新活动出现趋同态势。观察金融创新首位度，2006~2011 年，金融创新次发达县域追赶发达县域的态势较好，而 2011 ~2016 年，金融创新次发达县域追赶发达县域的速度变缓，但总体上浙江县域金融创新首位度保持在 1.5 以下，说明区域金融创新在浙江省内未出现高度的空间聚集，整体上较为均衡。2006 ~2016 年偏态系数逐年下降，反映出浙江 69 个县域金融创新呈右偏态分布且逐步向正态分布靠拢，其中的原因是每年高于金融创新平均值的县域个数不断上涨，进而缩减了浙江县域金融创新的相对差异。

表 6 -1　2006、2011、2016 年浙江省县域金融创新差异

年份	标准差	变异系数	基尼系数	首位度	偏态系数	Moran's I
2006	18979. 5490	1. 0184	0. 4311	1. 2020	0. 2882	0. 188
2011	20947. 6793	0. 9140	0. 4134	1. 1738	0. 2829	0. 270
2016	69219. 6347	0. 5174	0. 2300	1. 3458	0. 2725	0. 281

（二）县域金融创新空间集聚

借助 Stata 12 软件计算得到 2006 ~2016 年浙江 69 个县域金融创新的 Moran's I 指数（见表 6 -1）。不难看出，2006 ~2016 年区域金融创新的 Moran's I 指数均为正值，且该指数呈逐年上升趋势，表明该时间段内浙江县域金融创新集聚性总体上不断扩大。2006 ~2011 年，Moran's I 指数增幅为 43. 6% ，反映此时段浙江县域金融创新集聚态势持续增强；2011 ~2016 年，Moran's I 指数虽有提升但增幅仅为 4. 1% ，与上一时间段相比集聚性增势明显减弱。综上所述，在研究时段内浙江县域金融创新呈现出明显集聚且不断自我强化的趋势。

三、浙江县域金融创新空间格局演化

（一）县域金融创新空间格局演化

1. 县域金融创新空间分异格局

为更好地揭示浙江县域金融创新的空间变化，本章通过计算 2006 年、2011 年以及 2016 年各个县域金融创新值占浙江省金融创新总能力值的比值，并借助 ArcGIS 10.2 按自然间断点分级法对 3 个年度的县域金融创新进行分类：2006 年，低水平县域金融创新得分小于 0.0080，较低水平介于 0.0080 与 0.0150 之间，中等水平介于 0.0150 与 0.0290 之间，较高水平介于 0.0290 与 0.0500 之间，高水平大于 0.0500；2011 年，低水平县域金融创新得分小于 0.0090，较低水平介于 0.0090 与 0.0145 之间，中等水平介于 0.0145 与 0.0230 之间，较高水平介于 0.0230 与 0.0490 之间，高水平大于 0.0490；2016 年，低水平县域金融创新得分小于 0.0114，较低水平介于 0.0114 与 0.0150 之间，中等水平介于 0.0150 与 0.0200 之间，较高水平介于 0.0200 与 0.0400 之间，高水平大于 0.0400（见表 6－2）。

表 6－2　浙江县域金融创新综合得分及排名

县域	2006 年		县域	2011 年		县域	2016 年	
	得分	排名		得分	排名		得分	排名
杭州市辖区	0.0823	1	杭州市辖区	0.0720	1	杭州市辖区	0.0553	1
宁波市辖区	0.0685	2	宁波市辖区	0.0613	2	宁波市辖区	0.0411	2
绍兴市辖区	0.0560	3	绍兴市辖区	0.0507	3	义乌市	0.0259	3

续表

县域	2006年		县域	2011年		县域	2016年	
	得分	排名		得分	排名		得分	排名
温州市辖区	0.0539	4	温州市辖区	0.0497	4	温州市辖区	0.0238	4
义乌市	0.0404	5	义乌市	0.0377	5	绍兴市辖区	0.0235	5
绍兴县	0.0325	6	绍兴县	0.0280	6	嘉兴市辖区	0.0233	6
嘉兴市辖区	0.0296	7	舟山市辖区	0.0277	7	舟山市辖区	0.0230	7
台州市辖区	0.0248	8	嘉兴市辖区	0.0272	8	台州市辖区	0.0218	8
慈溪市	0.0235	9	丽水市	0.0261	9	绍兴县	0.0211	9
余姚市	0.0208	10	慈溪市	0.0236	10	富阳市	0.0189	10
金华市辖区	0.0181	11	台州市辖区	0.0219	11	金华市辖区	0.0188	11
海宁市	0.0181	12	余姚市	0.0212	12	永康市	0.0183	12
丽水市	0.0181	13	永康市	0.0198	13	海宁市	0.0180	13
永康市	0.0175	14	平湖市	0.0184	14	丽水市	0.0177	14
平湖市	0.0173	15	海宁市	0.0184	15	余姚市	0.0171	15
上虞市	0.0168	16	嘉善县	0.0174	16	上虞市	0.0170	16
海盐县	0.0165	17	金华市辖区	0.0173	17	海盐县	0.0169	17
湖州市辖区	0.0160	18	湖州市辖区	0.0170	18	慈溪市	0.0169	18
嘉善县	0.0153	19	海盐县	0.0165	19	桐乡市	0.0165	19
富阳市	0.0151	20	上虞市	0.0163	20	湖州市辖区	0.0165	20
桐乡市	0.0151	21	富阳市	0.0162	21	象山县	0.0159	21
玉环县	0.0142	22	桐乡市	0.0149	22	嘉善县	0.0153	22
嵊泗县	0.0135	23	诸暨市	0.0142	23	奉化市	0.0150	23
舟山市辖区	0.0134	24	瑞安市	0.0140	24	德清县	0.0148	24
诸暨市	0.0128	25	玉环县	0.0138	25	诸暨市	0.0146	25
临安市	0.0124	26	乐清市	0.0134	26	衢州市辖区	0.0146	26
瑞安市	0.0122	27	奉化市	0.0125	27	东阳市	0.0146	27
乐清市	0.0121	28	德清县	0.0125	28	新昌县	0.0145	28

续表

县域	2006 年		县域	2011 年		县域	2016 年	
	得分	排名		得分	排名		得分	排名
温岭市	0.0120	29	象山县	0.0123	29	青田县	0.0139	29
奉化市	0.0117	30	嵊泗县	0.0122	30	平湖市	0.0137	30
衢州市辖区	0.0117	31	衢州市辖区	0.0118	31	宁海县	0.0133	31
德清县	0.0115	32	宁海县	0.0115	32	武义县	0.0132	32
东阳市	0.0108	33	武义县	0.0114	33	安吉县	0.0131	33
新昌县	0.0103	34	岱山县	0.0111	34	温岭市	0.0130	34
象山县	0.0102	35	温岭市	0.0107	35	长兴县	0.0124	35
宁海县	0.0102	36	临安市	0.0105	36	桐庐县	0.0122	36
桐庐县	0.0102	37	长兴县	0.0101	37	嵊州市	0.0121	37
武义县	0.0093	38	东阳市	0.0100	38	临安市	0.0119	38
岱山县	0.0092	39	桐庐县	0.0099	39	仙居县	0.0118	39
嵊州市	0.0090	40	安吉县	0.0098	40	乐清市	0.0116	40
长兴县	0.0088	41	浦江县	0.0094	41	三门县	0.0114	41
青田县	0.0088	42	新昌县	0.0092	42	玉环县	0.0110	42
浦江县	0.0086	43	青田县	0.0084	43	瑞安市	0.0109	43
建德市	0.0082	44	建德市	0.0077	44	嵊泗县	0.0107	44
云和县	0.0072	45	嵊州市	0.0074	45	岱山县	0.0107	45
龙游县	0.0071	46	临海市	0.0065	46	景宁县	0.0106	46
兰溪市	0.0066	47	淳安县	0.0065	47	天台县	0.0105	47
江山市	0.0065	48	三门县	0.0064	48	磐安县	0.0104	48
永嘉县	0.0064	49	江山市	0.0063	49	江山市	0.0103	49
安吉县	0.0064	50	龙游县	0.0062	50	临海市	0.0102	50
临海市	0.0063	51	云和县	0.0061	51	文成县	0.0100	51
遂昌县	0.0059	52	兰溪市	0.0060	52	浦江县	0.0099	52
仙居县	0.0058	53	永嘉县	0.0060	53	云和县	0.0098	53

续表

县域	2006 年		县域	2011 年		县域	2016 年	
	得分	排名		得分	排名		得分	排名
三门县	0.0057	54	苍南县	0.0058	54	庆元县	0.0095	54
天台县	0.0053	55	遂昌县	0.0055	55	淳安县	0.0095	55
平阳县	0.0052	56	磐安县	0.0054	56	常山县	0.0095	56
淳安县	0.0052	57	平阳县	0.0053	57	龙游县	0.0095	57
磐安县	0.0051	58	仙居县	0.0053	58	兰溪市	0.0094	58
缙云县	0.0050	59	缙云县	0.0053	59	洞头县	0.0093	59
龙泉市	0.0048	60	洞头县	0.0052	60	建德市	0.0092	60
洞头县	0.0048	61	天台县	0.0052	61	开化县	0.0092	61
苍南县	0.0047	62	松阳县	0.0049	62	遂昌县	0.0089	62
松阳县	0.0046	63	龙泉市	0.0048	63	永嘉县	0.0088	63
常山县	0.0045	64	文成县	0.0045	64	龙泉市	0.0086	64
景宁县	0.0044	65	常山县	0.0043	65	松阳县	0.0086	65
开化县	0.0041	66	开化县	0.0040	66	缙云县	0.0082	66
文成县	0.0041	67	景宁县	0.0039	67	平阳县	0.0079	67
庆元县	0.0037	68	庆元县	0.0038	68	苍南县	0.0072	68
泰顺县	0.0031	69	泰顺县	0.0033	69	泰顺县	0.0071	69

由表 6－2 可知，2006 年，位于低水平的县域共 25 个；位于较低水平的县域共 23 个，其中包括舟山市辖区与衢州市辖区；位于中等水平的县域共 14 个，分别为：台州市辖区、慈溪市、余姚市、金华市辖区、海宁市、丽水市辖区、永康市、平湖市、上虞市、海盐县、湖州市辖区、嘉善县、富阳市以及桐乡市；位于较高水平的县域为义乌市、绍兴县以及嘉兴市辖区；杭州市辖区、宁波市辖区、绍兴市辖区以及温州市辖区处于高水平位置。2011 年，青田县、嵊州市

及建德市由较低水平降为低水平，安吉县由低水平升为较低水平，而舟山市辖区则由较低水平显著提升至较高水平，丽水市辖区与慈溪市均由中等水平升级为较高水平，除以上县域发生变化外，其余62个县域均保持稳定，且高水平县域依然分布在杭绍甬温这四市的市辖区。2016年，玉环县、嵊泗县、瑞安市、浦江县及岱山县均由较低水平水平降为低水平，而仙居市、嵊州市、三门县及青田县则由低水平升为较低水平，平湖市由中等水平降至较低水平，象山县由较低水平升至中等水平，丽水市辖区及慈溪市由较高水平再次回到中等水平，台州市辖区从中等水平升至较高水平，而温州市辖区及绍兴市辖区从高水平梯队降至较高水平梯队，除以上县域发生变动外，其余53县域较为稳定，且高水平区仅为杭甬两市市辖区。从2006～2016年浙江县域金融创新的时空分布及变化趋势来看，高水平金融创新县域个数较少且主要分布在浙江北部环杭州湾地区，而低水平金融创新县域个数较多且呈逐年上涨态势，主要分布在浙西南地区，由此反映出浙江省县域金融创新两极分化现象突出。

进一步观察表6-2，排名前10名的县域主要分布在浙江东北部。2006年和2011年，杭绍甬三个市辖区一直处于前3名，2016年杭甬两个市辖区继续领跑前2名，绍兴市辖区虽有波动，但仍在前5名之列。温州市辖区和义乌市在始终保持较高的金融创新发展水平，在三个年份中一直居前5名。绍兴县、嘉兴市辖区虽有名次上的波动，但仍在前10名之列。台州市辖区在2006年排第8名，但在2011年被挤出前10名，然而在2016年又跻身前10名。慈溪市2006年和2011年都能位居全省前10，但在2016年已退出。余姚市在2006年位列第10，但后期由于金融创新发展相对缓慢已跌出前10名。丽水市辖区以较高的金融创新在2011年成功跻身前10名，但在2016年被其他发展快速的县域再次挤出前10名。富阳市在2006年和2011年经过相对较低的金融创新发展后，2016年金融创新发展水平骤升至全省前10名。进一步研究前10名县域中排第1名和第10名县域的金融创新发展水平，2006年排第1名的杭州市辖区金融创新水平是排第10名的余姚市的3.96倍，2011年该比值是3.05倍，2016年该比值是2.93倍，可见，虽然第1名与第10名的比值逐年减小，但第一梯队县域之间依然存在较为明显的差距。观察表6-2，排名后10名的县域主要分布在浙江西南部。金融创新发展水平排名居后10名的县域变化较大，只有泰顺县、开化县、松阳县和龙泉市在2006年、2011年以及2016年始终保持在全省后10名以内，其中泰顺县一直处于最后一名，开化县在前两个年份在后十县域中均居第7名，2016年升至第2名，松阳县经历了第4、第3、第6名的变化趋势，龙泉市经历了从第1名到第4名再到第5名的逐渐下滑态势。此外，洞头县、常山县、景宁县、文成县及庆元县5个县域在2006年和2011年均在后10名单中，之后这些县域金融创新水平有所提升，到2016年名次均有上升，已不在后10名单中。苍南县2006年和2016年均在后10名单中。天台县仅2011年出现在后10名单中。建德市、遂昌县、永嘉县、缙云县及平阳县2006年和2011年金融发展水平相对较高，但2016年这些县域金融创新发展有所滞后，纷纷进入后10名单中。总之，无论是2006年、2011年还是2016年，后10名县域中列第1名的县域金融创新值与第10名的比值均在1.5左右，可见排名后10县域间差异较小。

2. 县域金融创新冷热点分析

为进一步探索浙江省各县域金融创新的空间格局，探究金融创新空间集聚情况，按照局部空间自相关方法，结合ArcGIS10.2测度浙江省各县域金融创新的Getis－OrdGi*指数值，并按自然断点法分为5级。不难发现，2006～2016年浙江县域金融创新空间热点区域全部分布在浙江北部环杭州湾地区，冷点区主要分布在丽水—温州一带。2006年，杭州市辖区、绍兴市辖区、绍兴县、上虞市、余姚市、慈溪市、桐乡市以及海宁市8个县域为金融创新热点区，宁波市辖区和诸暨市为次热点区，表明以上10个县域金融创新普遍较强，并且在空间上形成了高值集聚。此外，仅景宁县为冷点区，说明该县域金融创新较低且呈低值集聚状态。2011年，冷热点区域数量有所变动，宁波市辖区在该时期内金融创新得到提升，金融创新集聚加强，由次热点区上升为热点区；上虞市金融创新有所下降且对周边县域的辐射减弱，由热点区退居为次热点区；诸暨市的金融创新扩散区域不断消解，已退出热点区域；龙泉市、泰顺县以及天台县金融创新相对较低且呈低值集聚态势，由随机分布区进入冷点区，表明这些县域金融创新发展处于“瓶颈”期。2016年，金融创新高值集聚现象进一步强化，富阳市和德清县进入热点区，这两个金融创新较高的县域开始对周边县域金融创新发展起到积极促进作用；上虞市对周边县域辐射越来越小，已从热点区消失；奉化市和象山县异军突起，均加入次热点区域，开始带动周边县域金融创新发展；以龙泉市—景宁县—泰顺县为轴线的冷点区继续扩大，金融创新较低的苍南县也加入其中，这些区域很难找到金融创新发展突破口。从2006～2016年浙江县域金融创新的冷热点演化态势来看，大部分县域处于随机分布区域，反映出这些县域之间的金融创新发展联系度不高，热点区域出现次数不多，且基本上都分布在浙江北部环杭州湾地区，而冷点区则集中分布在浙江省南端。因此，提高区域金融创新的关键，在于加强杭州、宁波、绍兴等浙北环杭州湾热点地区与其他县域之间的互动联系，不断发挥连带作用。

3. 县域金融创新趋势面分析

为进一步探索浙江县域金融创新空间分布的演化趋势，采用趋势面分析法，对2006年、2011年和2016年浙江69个县域金融创新做空间趋势面分析（见图6－1）。空间趋势分布图反映出，2006～2016年浙江县域金融创新呈现了“东高西低，北高南低”的整体态势，且立体趋势面存在明显上升趋势。在东西方向上，2006年、2011年和2016年浙江县域金融创新呈现“两头低，中间高”的倒“U”形分布，且在研究期内这一变化趋势较为稳定，揭示出浙东和浙西地区县域金融创新水平较中部县域相对较弱，但东部县域金融创新水平稍高于西部县域。在南北方向上，2006年、2011年和2016年浙江县域金融创新呈现“北部高，中间高，南部低”的半抛物线变化趋势，且在研究期内这一趋势无明显变化，表明浙江北部地区如环杭州湾地区县域的金融创新明显高于金融创新发展滞后的浙江南部地区。因此，浙江省县域金融创新的空间指向性比较明显，浙江东部、中部以及北部地区县域是金融创新发展的优势区域，尤其是浙江北部环杭州湾地区。

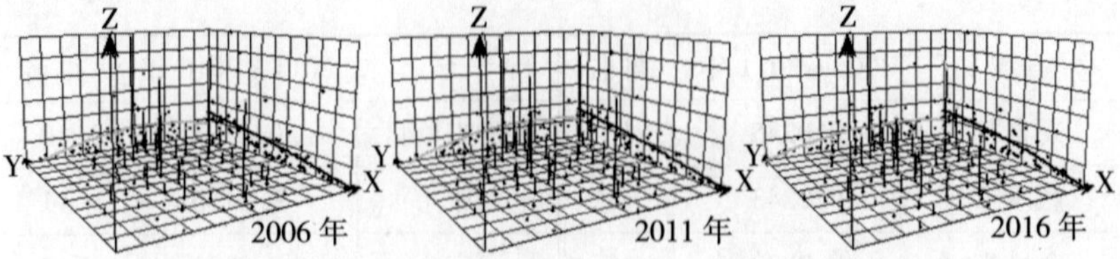

图6-1　浙江县域金融创新空间趋势面分布

（二）县域金融创新增长空间格局演化

1. 县域金融创新增长空间分异格局

本书将研究期划为2006~2011年、2011~2016年两个时间段，根据式（6-5）测算浙江省69个县域金融创新的NICH指数，并借助ArcGIS10.2按自然间断点分级法将县域金融创新增长分为低速增长区（NICH<0.5）、较低速增长区（0.5≤NICH<1）、较高速增长区（1≤NICH<1.5）以及高速增长区（NICH≥1.5）四类（见表6-3）。

表6-3　浙江县域金融创新增长率及排名

县域	2006~2011年	排名	县域	2011~2016年	排名
舟山市辖区	0.0900	1	杭州市辖区	0.0519	1
丽水市	0.0613	2	宁波市辖区	0.0369	2
温州市辖区	0.0313	3	义乌市	0.0235	3
宁波市辖区	0.0303	4	嘉兴市辖区	0.0225	4
永康市	0.0299	5	舟山市辖区	0.0221	5
绍兴市辖区	0.0275	6	台州市辖区	0.0217	6
杭州市辖区	0.0271	7	绍兴县	0.0197	7
嘉善县	0.0266	8	富阳市	0.0195	8
义乌市	0.0257	9	金华市辖区	0.0192	9

续表

县域	2006～2011 年	排名	县域	2011～2016 年	排名
安吉县	0.0245	10	温州市辖区	0.0184	10
慈溪市	0.0243	11	永康市	0.0180	11
余姚市	0.0232	12	海宁市	0.0179	12
平湖市	0.0230	13	绍兴市辖区	0.0179	13
瑞安市	0.0216	14	上虞市	0.0172	14
湖州市辖区	0.0213	15	海盐县	0.0170	15
富阳市	0.0213	16	桐乡市	0.0169	16
象山县	0.0210	17	象山县	0.0167	17
武义县	0.0205	18	湖州市辖区	0.0164	18
诸暨市	0.0202	19	余姚市	0.0162	19
海宁市	0.0197	20	丽水市	0.0160	20
岱山县	0.0193	21	新昌县	0.0156	21
乐清市	0.0191	22	慈溪市	0.0155	22
德清县	0.0169	23	东阳市	0.0155	23
宁海县	0.0169	24	奉化市	0.0155	24
海盐县	0.0164	25	德清县	0.0153	25
嘉兴市辖区	0.0164	26	衢州市辖区	0.0151	26
长兴县	0.0160	27	青田县	0.0150	27
奉化市	0.0160	28	嘉善县	0.0149	28
桐乡市	0.0145	29	诸暨市	0.0146	29
上虞市	0.0142	30	安吉县	0.0138	30
金华市辖区	0.0134	31	宁海县	0.0137	31
浦江县	0.0132	32	武义县	0.0136	32
淳安县	0.0125	33	温岭市	0.0135	33
衢州市辖区	0.0124	34	仙居县	0.0132	34
玉环县	0.0119	35	嵊州市	0.0130	35

续表

县域	2006~2011 年	排名	县域	2011~2016 年	排名
苍南县	0.0105	36	长兴县	0.0129	36
三门县	0.0094	37	平湖市	0.0128	37
台州市辖区	0.0092	38	桐庐县	0.0126	38
桐庐县	0.0085	39	三门县	0.0125	39
绍兴县	0.0084	40	临安市	0.0122	40
临海市	0.0073	41	景宁县	0.0120	41
洞头县	0.0071	42	天台县	0.0116	42
青田县	0.0070	43	磐安县	0.0114	43
磐安县	0.0069	44	乐清市	0.0112	44
东阳市	0.0065	45	文成县	0.0112	45
嵊泗县	0.0065	46	江山市	0.0112	46
缙云县	0.0065	47	临海市	0.0109	47
文成县	0.0064	48	庆元县	0.0107	48
松阳县	0.0062	49	云和县	0.0106	49
平阳县	0.0059	50	岱山县	0.0106	50
江山市	0.0057	51	常山县	0.0105	51
建德市	0.0055	52	玉环县	0.0104	52
温岭市	0.0051	53	嵊泗县	0.0104	53
天台县	0.0049	54	开化县	0.0102	54
龙泉市	0.0047	55	瑞安市	0.0102	55
新昌县	0.0045	56	洞头县	0.0102	56
庆元县	0.0043	57	龙游县	0.0102	57
永嘉县	0.0043	58	淳安县	0.0101	58
遂昌县	0.0038	59	兰溪市	0.0101	59
泰顺县	0.0038	60	浦江县	0.0100	60
兰溪市	0.0037	61	遂昌县	0.0096	61

续表

县域	2006～2011年	排名	县域	2011～2016年	排名
开化县	0.0036	62	建德市	0.0096	62
常山县	0.0035	63	龙泉市	0.0094	63
仙居县	0.0032	64	永嘉县	0.0094	64
临安市	0.0025	65	松阳县	0.0093	65
龙游县	0.0020	66	缙云县	0.0088	66
景宁县	0.0014	67	平阳县	0.0084	67
云和县	0.0012	68	泰顺县	0.0079	68
嵊州市	0.0005	69	苍南县	0.0075	69

由表6－3可看出，2006～2011年，高速增长区、较高速增长区、较低速增长区和低速增长区的数量分别为13个、15个、13个和28个，其中舟山市辖区、丽水市、温州市辖区、宁波市辖区、永康市、绍兴市辖区、杭州市辖区、嘉善县、义乌市、安吉县、慈溪市、余姚市以及平湖市为高速增长区，说明这些县（市）金融创新发展速度均在浙江省金融创新平均发展速度1.5倍以上，瑞安市、湖州市辖区、富阳市等15个县（市）的金融创新发展速度介于1与1.5之间，并且高速增长区和较高速增长区县域沿沪昆高速和杭州湾环线高速呈“Y”字形分布。低速增长区和较低增长区县域主要分布在浙西南和浙东南地区。2011～2016年，高速增长区、较高速增长区、较低速增长区和低速增长区的数量有所变动，嘉兴市辖区由较高速增长区进入高速增长区；余姚市、永康市、温州市辖区、绍兴市辖区、丽水市辖区、嘉善县和慈溪市由高速增长区进入较高速增长区，桐乡市、台州市辖区、绍兴县、上虞市、衢州市辖区及金华市辖区由较

低速增长区进入较高速增长区，新昌县和青田县由低速增长区进入较高增长区；安吉县和平湖市由高速增长区进入较低速增长区，长兴县、武义县、瑞安市、宁海县、乐清市及岱山县由较高速增长区进入较低速增长区，其余低速增长区县域均进入较低速增长区。此时期内，高速增长区和较高速增长区县域沿沪昆高速、杭州湾环线高速以及 G330 国道呈“R”字形分布。总体上，两个时间段内浙江省县域金融创新增速处于低水平的县域数量均超过了 40 个，因此，高速增长型和较高速增长型县域需要更好发挥联动作用，推动低增长型县域金融创新的提升。

2. 县域金融创新增长冷热点分析

以 2006～2011 年以及 2011～2016 年两个时间段的县域金融创新的 NICH 指数为基础，结合 ArcGIS 10.2 测度浙江省各县域金融创新增长的 Getis－OrdGi* 指数值，并按自然断点法分为 5 级。2006～2011 年，舟山市辖区和岱山县为热点区，它们形成了金融创新高增长县域的显著集聚区，并对周围县域金融创新增长起到较好促进作用。龙泉市和景宁县为冷点区，天台县为次冷点区，说明这 3 个县域金融创新增长缓慢且呈低值集聚状态。2011～2016 年，热点区数量为 10 个，次热点区数量为 2 个，冷点区数量为 3 个，可见冷热点区域数量出现显著变化，杭州市辖区、宁波市辖区、绍兴市辖区、桐乡市、海宁市、德清市、富阳市、绍兴县、慈溪市、余姚市在研究时期内的金融创新增速上升明显，并逐渐对周边县域金融创新增长呈较强辐射作用，由随机分布区升骤升至热点区；奉化市和象山县也得到发展，已进入次热点区；苍南县金融创新增长较慢也出现在冷点区周边，形成了以龙泉市、景宁县和苍南县为中心的3个金融创新增长低值集聚区。总体上，2011～2016年金融创新增长热点区主要分布在浙江北部环杭州湾地区，冷点区主要分布在浙江南端，这与金融创新对应时间的冷热点区基本上保持一致，说明金融创新的热点区域已具备持续的金融创新扩张动力。此外，不难发现大部分县域金融创新增长始终处于随机分布区，表明这些县域之间的金融创新增长联系程度不高，因此，需要加大金融创新要素投入，改善金融创新“洼地”局面，促进金融创新扩散效应与全域金融创新发展互利共生。

四、浙江县域金融创新发展的影响作用

区域金融创新发展与该地区所处的经济地理环境息息相关，诸多环境变量已成为区域金融创新的影响因素。参考现有研究成果，本章选取以下经济发展水平（PGDP）、政府干预（GOV）、对外开放度（OPEN）、基础设施水平（INF）、信息化水平（IU）、知识密集度（KD）等6个因素作为解释变量。

（一）县域金融创新格局形成的影响力

以2016年为例，选取金融创新得分值为被解释变量（FI），以经济发展水平（PGDP）、政府干预（GOV）、对外开放度（OPEN）、基础设施水平（INF）、信息化水平（IU）和知识密集度（KD）为解释变量，基于空间滞后模型（SLM）和空间误差模型（SEM）估计各个因素对浙江县域

金融创新的影响（见表 6 -4）。

表 6 -4 县域金融创新影响因素估计结果

指标	OLS		SLM		SEM	
	系数	P 值	系数	P 值	系数	P 值
C	6.1641***	0.0000	6.2218***	0.0000	6.2905***	0.0000
LNPGDP	0.4049***	0.0000	0.3753***	0.0000	0.3682***	0.0000
LNGOV	-0.2496***	0.0030	-0.2423***	0.0010	-0.2425***	0.0010
LNINF	0.1675***	0.0010	0.2249***	0.0000	0.2215***	0.0000
LNOPEN	0.0112	0.8370	0.0080	0.8710	0.0087	0.8600
LNKD	-0.0471	0.4400	-0.0549	0.3230	-0.0556	0.3180
LNIU	0.6211***	0.0000	0.7229***	0.0000	0.7162***	0.0000
R - squared	0.7366		0.7550		0.7290	
AIC	-13.8530		-14.8249		-14.4560	
SC	5.7857		5.2821		5.6510	
LogL	13.9265		16.4125		16.2280	
空间滞后项			-0.0031***	0.0014		
空间误差项					-0.0057***	0.0028

注：***、**和*分别表示回归系数在 1%、5%和 10%的显著性水平上显著。

首先，对比 OLS 模型和空间滞后模型（SLM）、空间误差模型（SEM）的优劣。因空间计量模型估计方法为 MLE 估计，故拟合优度不能作为评判准则，可将 LogL、AIC 及 SC 作为评判准则。对比表 6 -4 的检验结果不难发现，空间计量模型的 LogL 值更大，且 AIC、SC 值更小，所以空间计量模型优于 OLS 模型，这意味着控制了空间依赖性后的空间计量模型更为科学。其次，比较 SEM 和 SLM 模型的适当性。

结合表6－4可以看出，SLM模型的LogL值比SEM模型的值更大，且SLM模型的AIC、SC值比SEM值更小，故最终选取SLM模型分析浙江县域金融创新的影响因素。观察SLM模型，信息化水平、经济发展水平、政府干预以及基础设施水平都会对县域金融创新发展产生影响，其中，信息化水平对县域金融创新的影响最大，且产生显著的促进作用，说明现阶段浙江县域金融创新越来越依赖于信息技术，金融创新运用信息技术分析复杂业务并对产品进行风险管理，增加金融产品的交易可能性；经济发展水平同样对金融创新产生了显著推动作用，说明经济发展是促进金融创新发展的关键因素，县域经济发展越快，经济社会对融资规模、金融服务质量等方面需求日益增长，金融创新也会随之不断快速发展；政府干预对县域金融创新产生显著负向作用，可能的原因是层级越少的县域政府，在为金融创新提供信息传递和后勤服务方面的效率会更好，反而层级复杂的县域政府难以发挥其作用；基础设施水平对县域金融创新也具有明显的正向作用，意味着基础设施水平的提高是促进县域金融创新发展重要的驱动力。此外，对外开放度和知识密集度未能对县域金融创新产生显著影响，可能的原因是浙江大部分县域的对外开放度及知识密集度均处于较弱水平，尚未对当地的金融创新产生影响。

（二）县域金融创新增长演化的影响力

以2011～2016年为研究时间段，选取县域金融创新增长速度为被解释变量（FIG），以经济发展水平增长率（PGDPG）、政府干预度增长率（GOVG）、对外开放度增长率

（OPENG）、基础设施水平增长率（INFG）、信息化水平增长率（IUG）和知识密集度增长率（KDG）为解释变量，基于空间滞后模型（SLM）和空间误差模型（SEM）估计各个因素对浙江县域金融创新增长的影响（见表6－5）。

表6－5　县域金融创新增长影响因素估计结果

指标	OLS		SLM		SEM	
	系数	P值	系数	P值	系数	P值
C	4.2870***	0.0000	3.9469***	0.0000	4.1449***	0.0000
LNPGDPG	3.3523***	0.0000	3.4934***	0.0000	3.4243***	0.0000
LNGOVG	－0.2264	0.8500	－0.5447	0.6400	－0.2561	0.8220
LNINFG	－0.2127	0.3320	－0.2145	0.2940	－0.2064	0.3170
LNOPENG	0.5389**	0.0130	0.4969**	0.0140	0.5250***	0.0090
LNKDG	0.0042	0.9620	－0.0024	0.9770	0.0034	0.9670
LNIUG	2.7670**	0.0160	2.3520**	0.0370	2.6146**	0.0190
R－squared	0.804		0.804		0.804	
AIC	249.5204		247.4884		248.3197	
SC	270.1591		267.5953		268.4266	
Logl	－115.2602		－114.74419		－115.1598	
空间滞后项			－0.0138**	0.0136		
空间误差项					－0.0098**	0.0219

注：***、**和*分别表示回归系数在1%、5%和10%的显著性水平上显著。

同样采用与上一部分相同的评判原则，最终选取SLM模型分析浙江县域金融创新增长的影响因素。由表6－5中的SLM模型估计结果得出，经济发展增长率、信息化水平增长率以及对外开放度增长率均会对县域金融创新增长产生显著作用。具体地，经济发展增长率对金融创新增长的驱动力最大，说明经济的增长已成为浙江县域金融创新增长的重要引擎；信息化水平增长率同样对县域金融创新增长具有明显的促进作用，说明近年来浙江县域信息化水平的不断提升拉动了县域金融创新的增长；对外开放度增长率也成为浙江县域金融创新增长的重要动力，虽然浙江县域对外开放度总体上对金融创新影响并不显著，但对外开放水平的逐年提高在一定程度上促进了县域金融创新的增长。此外，政府干预度增长率、基础设施水平增长率以及知识密集度增长率均未对县域金融创新产生显著影响，可能是由于这些经济变量增长速度较为缓慢导致的。

五、结论与建议

（一）研究结论

第一，2006～2016年，浙江县域金融创新存在显著差异。浙江县域金融创新的绝对差异呈上升态势且波动大；相对差异不断缩小，表明浙江区域金融创新活动出现趋同态势；浙江金融创新欠发达县域追赶发达县域的态势较好；浙江县域金融创新呈右偏态分布且逐步向正态分布靠拢。2006～2016年区域金融创新能力的Moran's I指数均为正值，且该指数呈逐年上升趋势，表明浙江县域金融创新呈现出明显集聚且不断自我强化的趋势。

第二，2006～2016年，高水平金融创新县域个数较少且主要分布在浙江北部环杭州湾地区，而低水平金融创新县域个数较多且呈逐年上涨态势，主要分布在浙西南地区，由此反映出浙江省县域金融创新两极分化现象突出。2006～2016年热点区域出现次数不多，且基本上都分布在浙江北部环杭州湾地区，冷点区则集中分布在浙江省南端，但大部分县域处于随机分布区域，反映出这些县域之间的金融创新发展联系度不高。

第三，2006～2011年，金融创新高增长区和较高增长区县域沿沪昆高速和杭州湾环线高速呈“Y”字形分布，舟山市辖区和岱山县为金融创新增长热点区，龙泉市、景宁县及天台县为金融创新增长冷点区；2011～2016年，金融创新高增长区和较高增长区县域沿沪昆高速、杭州湾环线高速以及G330国道呈“R”字形分布，金融创新增长热点区主要分布在浙江北部环杭州湾地区，冷点区主要分布在浙江南端。

第四，对浙江县域金融创新格局形成具有显著影响的因素并不多元，信息化水平、经济发展水平、政府干预以及基础设施水平会对浙江县域金融创新产生显著作用。此外，经济发展增长率、信息化水平增长率以及对外开放度增长率是驱动浙江县域金融创新不断增长的关键因素。

（二）政策建议

基于以上结论，并结合浙江县域金融创新的实际情况，对浙江县域金融创新发展提出如下政策建议。

第一，优化县域金融产业空间布局。依托浙江县域发展的空间框架，结合县域经济金融发展特征，优化金融创新发展功能及空间分布，加大对涉及“一带一路”和长江经济带的重点项目支持，围绕浙江经济发展大局，形成多层次、多梯度、协同发展、错位竞争的新金融空间支撑体系。

第二，拓展县域金融对外合作机制。加强浙江金融业跨县域跨行业的交流合作，汲取外省县域在金融创新发展方面的成功经验，复制沪粤津等自由贸易区金融改革开放先行先试的经验，深化浙江县域金融创新工作。

第三，推动县域普惠金融创新发展。为有效满足欠发达县域金融服务需求，应积极推进普惠金融创新工作，完善普惠金融发展制度，建立普惠金融发展指标，丰富县域普惠金融发展组织，拓展普惠金融发展渠道，创新普惠金融发展产品，优化普惠金融发展环境。

第七章　提升我国区域金融创新水平的政策建议

区域金融创新是我国金融改革的一个重要方面。区域金融创新发展是支持区域经济增长的重要动力，区域经济结构差异是多元金融改革的现实条件，而金融改革创新是提高经济金融效率的有效举措。近期我国区域金融改革创新的最新实践表明，深化金融改革创新需要与“创新、协调、绿色、开放、共享”五大发展理念相一致；扩大对外开放，深化开放型区域金融创新发展；升级产业结构，提高区域金融创新的供给能力；转变政府职能，促进区域金融创新质的发展；完善金融机构，更好地服务于区域金融创新；优化金融环境，提高区域金融创新需求能力；优化金融结构，构建金融集聚，完善金融市场，升级区域金融创新目标；坚持以人为本，优化和拓展区域金融创新水平。

基于此，本书从扩大对外开放、优化金融环境、提升金融服务、完善金融机构、创新金融治理、加强风险防控、集聚创新人才等方面提出对策建议。

一、扩大对外开放

我国宏观经济稳定运行与持续增长是不断对外开放的基础，是国内经济与世界经济良性互动、有效互补的先决条件，必须全面深化改革，发挥市场在资源配置中的决定性作用，完善宏观经济调控机制，充分利用国际国内两个市场、两种资源，发展更高层次的开放型经济。基于目前的对外开放格局与国际合作机制，应当从三个层次不断扩大对外经济合作，在加快推进国内经济市场化改革的基础上，完善开放型经济新体系的战略布局与战略协作，并基于此配套确立我国金融对外开放战略举措，以更好促进我国金融创新。具体如下：

第一，加快推进国内经济市场化改革。这是推进有序对外开放、建设开放型经济新体系的前提。一方面，在经济转型升级和结构性调整的关键时期，坚持充分市场化的改革方向，有效化解各个领域积累的矛盾和风险，在全面深化改革的过程中攻坚克难，破除各种利益集团的阻碍和束缚，以经济体制改革为重点，推动我国经济市场化、可持续性发展。另一方面，通过国家治理体系和治理能力现代化，建立新的全面的体制机制，适时考虑金融市场开放步骤和日程，包括信贷市场和外汇市场在内，有序推进资本账户开放并考虑人民币完全可兑换及浮动汇率制。新时代，推进经济的市场化改革特别是金融领域的市场化改革，需要打破行政性垄断，着力降低土地、能源、通信、物流、融资五大基础性成本，优化国内消费与投资结构，有效化解国内金融系统性风险，充分发挥金融服务实体经济的作用，为我国经济持续稳定增长注入新的活力，并为进一步推动对外开放提供坚实的经济基础。

第二，我国应当协调好与世界主要经济体的关系。随着中美关系进入转型调整期，由原来的“合作—竞争”模式向“竞争—合作”模式演变，中美在地缘政治、经济贸易、金融战略等多个层次的竞争关系逐渐成为主导。在有限理性假设的前提下，根据进化博弈论模型分析，短期应当采取“争锋相对、以战止战”的策略，长期应当采取“厚积薄发、合作共赢”的策略，推进中美关系均衡和谐发展。我们不应过分夸大中美贸易摩擦带来的负面影响，而要用开放应对开放中的问题，以具有我国特色的方式吸引资本，加快知识密集型服务业的开放，采取“谨慎”和“乐观”的态度积极应对中美贸易冲突。随着我国综合国力的大幅提升，中美关系发生一些变化是正常的，我们应该从中美之间存在一些结构上的不对等看到自身的优势和不足，坚定地走好改革开放的道路，从根本上进一步提升自身实力。我国也应着力增强与其他主要经济体之间的经济联系，以降低中美贸易摩擦带来的负面影响。在金融合作领域，把握好资本账户有序开放，以贸易和投资便利化为重点，稳步推进人民币国际化，完善人民币与世界主要货币的合作竞争新机制。

第三，我国应当基于国际政治关系推进区域经济一体化。完善“一带一路”建设的具体合作模式和机制，根据沿线各国的要素禀赋结构和比较优势，增进区域内国家贸易、投资与金融合作，提高区域内经济体制机制的相关性、协同性、互补性，促进区域货币合作和同盟的建立，推进人民币国际化发展。具体而言，以“一带一路”建设为重点，可以从贸易与投资一体化、货币金融一体化和财政政策协调三个维度，丰富和完善区域内国家之间在这三个层面的合作，促进区域内国家经济深度融合、共同发展。我们应当基于金砖国家合作框架，倡导维护多边主义、反对保护主义的国际经济合作关系，为世界经济多边合作增添活力，进而促进世界经济增长、完善全球治理。同时，充分发挥现有多边对话机制和合作平台的作用，促进多边共同发展，深化各国合作基础，积极建设共商、共建、共享、共赢之路。我国在推进世界多边发展与区域一体化进程中，上述合作机制下的货币金融合作水平提升，多元合力也将促进人民币国际化发展。

二、优化金融环境

优化金融生态环境，做强做大金融产业，既是当务之急，更是长久之策。一个地区金融生态环境如何，不仅制约着该地区区域金融创新的持续快速健康发展，而且直接决定该地区对金融资源的吸引力，还决定一个地区金融核心作用的大小。金融不仅是市场经济条件下资源配置的重要手段，更是一个具有很大发展潜力、能够产生巨大经济效益的产业，是具有综合效应的现代服务业。当前区域经济发展的关键就是拉长“短板”，优化金融生态环境，提高区域金融创新能力。

第一，改革金融监管制度。金融监管与创新的关系历来就是“监管—创新—再监管”的循环模式，可见，监管在一定程度上刺激金融创新的发生。我国大部分地区仍执行“一行三会”的传统金融监管模式，虽然在一定程度上适应目前经济金融发展的基本需要，但是随着各种新兴的金融创新产品和机构的出现，这种监管模式的弊端也日益彰显，主要是交叉监管和监管真空等监管漏洞的存在，迫使监管机构不断改革监管制度，提高监管水平。改革金融监管制度，既要使金融机构在金融监管制度下安全稳健运行，也要使金融机构能够有较大的灵活性和自主性，增强其自身的抗风险能力和创新能力。科学的金融监管制度一方面为金融机构进行必要的金融创新提供了保护，另一方面也保护了金融创新需求者的利益，因此，建立科学的监管体制对提高区域金融创新的需求能力和供给能力均具有重要作用。改革金融监管制度，尤其要避免监管真空，防止风险的大量集聚，例如，要成立相关监管主体加强对金融控股公司的监管，规范它们的运作形式，监督其各种可能存在的风险；也要对存在交叉监管的领域进行整改，防止令出多门，造成金融秩序的混乱。改革金融监管制度，还要区分行政区金融和经济区金融，我国现有的金融监管制度是以行政区金融作为监管的主要方式，可实际上经济区金融范围内金融活动更具关联和同质性。改革金融监管制度应尝试建立以经济区金融为监管辖区的二级监管制度，实现国家和地方金融监管的有效配合。二级监管制度主要借鉴美国的双重多头金融监管体制，从纵向上，实现国家和地方对金融行业的分权监管；从横向上，实现多个监管部门对金融行业的分业监管。通过扩大国际金融监管合作，防范金融风险扩散和蔓延。

第二，促进中西部地区非国有经济发展。在东部地区，非国有经济已成为促进经济增长的主要力量，其国内生产总值的和经济运行活力的来自非国有经济，而中西部地区的非国有经济对国内生产总值的贡献远远低于东部地区且差距较大。加快中西部非国有经济尤其是乡镇企业、非公有制企业和私营企业的发展，使之成为中西部地区经济增长点和重要支撑力量。因为中西部地区非国有经济的发展有利于增加多样化的金融需求，提高金融创新需求者的层次，增加金融创新需求者的类型，从而提高中西部地区区域金融创新的需求能力。中西部地区非国有经济的发展，还会迫使金融创新机构根据社会需求的变化创造出适应社会需求的金融创新，从而增加区域金融创新资源的供给，提高区域金融创新的供给能力。因而促进中西部地区非国有经济的发展可以提高区域金融创新的需求能力和供给能力，最终在需求能力和供给能力的综合作用下，有助于提高中西部地区区域金融创新能力，进而缩小与东部地区之间的差异。

第三，完善金融地理环境。一是进一步加快基础设施建设。高速公路作为拉动经济发展，提高区域经济运行效率的"润滑剂"，长期发展滞后必然成为区域经济发展的"短板"，同时也会降低区域金融的吸引力和辐射力。区域内交通运输状况是区域金融地理环境的重要因素，一方面，提高区域交通运输水平可以提高经济和金融的运行效率，促进经济发展和居民收入水平的提高，从而提高地区对金融创新的需求能力；另一方面，提高区域交通运输水平可以增加其对金融机构和金融人才的吸引力，降低金融交易成本，提高区域金融的规模效应，产生一定的金融集聚，从而为增加区域金融创新的供给创造了条件，有利于提高金融创新的供给能力。二是进一步提高信息化水平。现代金融的发展在很大程度上依赖于信息有效快速传播，区域信息化程度的高低直接影响到区域金融的运行效率，区域金融创新更是高效率信息运转的产物，以降低交易成本为特征金融创新产品大多依赖于较高的信息化水平，如网上银行、在线交易、网上理财产品、电话银行等业务，都依赖于互联网宽带的普及程度和移动通信的发达程度。中西部地区信息化水平程度不高，并且互联网和移动通讯的费用相比全国其他地区尤其是发达地区，收费较高，提高了地区通讯的成本，降低了人们通讯的积极性，这也是中西部区域金融地理环境劣势的一个方面，因此应加强信息化建设，并适当降低通讯费用，可采用"先予之，后取之”的方式，政府和相关信息化建设单位前期增加信息化建设投入，后期再通过一定年金的形式，把成本费用分摊在以后较长的时期内予以收回成本，从而降低通讯费用，提高互联网及移动通讯的普及程度，从而提高信息化水平。信息化水平的提高有利于增强金融创新需求者的需求意愿和支付能力，提高区域金融创新的需求能力，也有利于增强基于信息优势的金融创新产品的发展和推广，提高区域金融创新的供给能力，从而促进区域金融创新能力的整体提升。

鉴于我国政府对金融创新发展领域的干预仍将持续相当长的一段时期且当前各类政策运行效果大多不佳，在此，结合我国当前经济形势与发展理念，对我国政府今后各类政策的制定、完善与实施提出若干可操作性建议。政府应在我国特有国情的基础上进行充分调查与研判，以市场机制的选择标准为主导，对金融创新发展进行适度干预以矫正系统失效与市场“失灵”，进而促进区域金融创新质的发展。

高度关注地区间发展不均衡问题，助力改善落后地区的公共创新环境。从我国区域金融创新测度结果来看，无论是总体上还是各维度，东、中、西部地区脆弱性依次递增的同时，存在明显的差异性。即便是作为区域金融创新水平最高的东部地区也存在极为显著的区域差异性问题。党的十九大提出，我国社会的主要矛盾已然转变为人民日益增长的美好生活需要和不平衡不充分的发展之间的矛盾。有效解决地区间发展不均衡问题将是下一阶段政府工作的重点，根据相关结论，建议从改善落后地区公共创新环境着手，缓解区域金融创新地区间显著性差异问题。

重视采购政策与知识产权保护政策的改革与发展。采购政策方面，注重其中长期导向作用的发挥。具体地，在政策支持重点上，由于采购政策具有明显的乘数效应，故可适当向创新型中小企业、高科技企业倾斜，将需求直接引向创新微观主体。在政策支持手段上，通过建立透明的采购需求标准、加强非招标采购方式的运用等给有潜力、成长性较好的新兴创新微观主体创造机会。在政策落实机制上，设立评审专家库以及对上一阶段采购政策功能实现进行动态评估与检验，有效反馈其实质效果，为调整采购方向、完善相关机制提供事实依据。知识产权保护政策方面，着力发展的同时需要兼顾其短期效应与中长期效应间的平衡，宜采取稳步推进的发展模式。具体地，针对创新链中不同环节制订相对灵活的知识产权保护政策，如对于创新链前端知识创新环节实行短期集中保护，一方面有助于相关主体短期内获取创新利益，另一方面有助于科技知识扩散；而对于创新链后端产业化环节实行较长期保护以维持相关主体垄断地位，获取创新带来的垄断利益，激励其积极开展下一轮创新活动。此外，由于技术壁垒的存在，亟须采取相关技术措施对金融创新实施保护。

第四，构建多层次资本市场体系，完善财政政策体系建设。无论是金融机构贷款还是财政科技投入与研发所得税优惠，其效应不佳甚至相悖的重要原因之一是未按市场机制选择对象，故注重市场选择机制、规范相关政策制度，加强后续监督与审计显得尤为必要。具体地，金融政策方面，政府应助力拓宽创新微观主体融资渠道，如通过依托大数据等新兴技术搭建无障碍信息交流平台以让市场主导最终配置环节。财政政策方面，在标准制定上，建立税收优惠相关的基本法律规定，对优惠标准及方式进行改革，多以实际创新活动作为优惠标准，加强税基式优惠方式的运用；在施力结构上，一方面注重产学研各环节资助比例，推动创新链条顺畅衔接与协同发展，另一方面杜绝重“果”轻“源”现象；在作用方式上，减少对非竞争性直接拨付或补贴机制的依赖，综合运用财政贴息、贷款担保、风险补偿、股权引导等多种方式引导企业与社会资本加入；在实施过程中，牵头搭建公共技术服务平台以有效解决信息严重不对称问题，并建立跟踪、反馈与问责机制。

三、提升金融服务

围绕经济结构调整和产业转型升级，深化供给侧结构性改革，实施产业金融、科技金融、航运金融、绿色金融、农村金融、小微金融、互联网金融、普惠金融等金融服务“八项工程”，加快投融资体制改革，引导金融要素资源向实体经济有效流动配置，为推动经济持续健康发展提供可靠的金融支持。

第一，创新发展科技金融。争取投贷联动试点，鼓励设立科技银行、科技保险、科技小贷、科技担保、科技投资、科技融资服务集团等专营机构，创新科技金融产品和服务。积极发展天使投资、风险投资、创业投资，扶持创业创新，鼓励科技企业资本市场上市、挂牌直接融资，支持科技产品和技术交易平台建设。

第二，加快金融普惠化进程。一是着力发展农村金融。

加大力度组织实施农村金融倍增计划，出台扶持农村金融发展的政策措施。全面实施试点中心镇融资机制，设立农业担保公司，加大信贷投放，开展产品和业务创新，推动集体林权和农村土地“两权”抵押贷款试点。探索建立农渔业大灾风险保障机制，提高农业保险覆盖面和保障水平。引导金融机构向县域延伸机构和网点，组织金融精准扶贫。二是大力发展中小微金融。深入实施中小企业融资促进行动，依托股权交易中心，做实中小企业投融资服务中心，建立企业上市实训基地。发挥财政资金杠杆作用，大力发展创业创新股权投资，设立政策性担保公司、再担保公司和小额贷款公司，开展小额贷款保证保险，着力破解中小企业融资难、融资贵问题。三是稳健发展互联网金融。支持传统金融业务网络化，鼓励金融企业利用互联网技术创新产品和服务。鼓励在信息技术、金融服务、市场资源、商圈和产业链等方面有实力、有优势的企业拓展互联网金融业务，规范发展网络借贷、互联网支付、供应链金融、资金众筹等互联网金融新业态，构建线上线下有机结合的金融服务新模式，稳健发展互联网金融资产交易平台。

第三，创新金融资源配置方式。一是提升金融资源配置效率。创新投融资体制机制，有效利用贷款、国开发展基金、农发基金等国家政策性基金和各金融总部基金，在城市基础设施建设、环境综合治理等领域积极推广 PPP 等政府和社会资本合作模式，鼓励和吸引社会资本加大重点领域投资。鼓励社保资金、保险资金等通过股权、债权等方式投资基础设施和基础产业项目。发挥引导基金作用，鼓励社会资本发起设立产业投资基金和创业投资基金，营造平等投资环境。

二是优化创业创新金融环境。搭建创业创新投融资平台，开展股权场外交易、专利交易、债权交易、创业小公司产权交易等业务，拓宽中小型科技企业融资渠道。争取投贷联动试点，鼓励各类资本发起设立创业创新金融专项基金，引导社会资本投向中小科技企业。大力发展风险投资和创业投资，鼓励创业创新企业债券融资，推动企业在“新三板”和“四板”市场挂牌交易。积极推广创业创新金融产品和工具应用，建立创业创新项目和投融资机构数据库，定期举行项目融资评估会，实现资本和项目对接。三是深入实施普惠金融。加大金融支持力度，支持创业就业，鼓励增设金融服务网点，鼓励发展支付终端等各类便民惠民金融服务模式和产品。支持发展社区、村屯金融超市、金融便利店，推广金融 IC 卡在公交、地铁、停车场等领域的使用，进一步提升公众对金融服务的获得感和满意度。支持发展住房、助学、消费品信贷等消费金融、财富管理等，满足人民群众日益增长的金融需求。

构建金融集聚战略支撑。坚持创新、协调、绿色、开放、共享发展理念，以改革、开放、创新为发展动力，坚持把创新引领、全面协调、绿色可持续、开放共赢、共享惠民贯穿区域性金融集聚中心建设，坚持以更好发挥市场在资源配置中的决定性作用为导向，着力破除制约金融市场建设、机构体系建设、金融环境建设的体制机制障碍，为发展提供持续动力。借力国际国内两个市场、两种资源，全力深化金融双向对外开放。充分认识互联网技术给金融业带来的深刻变革，积极推进新常态、新形势下的区域金融创新，全面激发金融发展活力。

在金融集聚中心建设的过程中，除了加强经济基础外，还必须有前瞻的金融发展战略作为指导。首先，加强实体经济与金融行业的合作，充分发挥金融服务实体经济的功能。从企业角度看，工业企业，特别是中小企业的发展，需要大量的资金支持，因此企业有需求与金融企业建立资金合作关系；从金融机构看，在信用的前提下，向实体经济企业发放贷款，也是金融行业发展的业务要求。因此，双方的良好合作可以营造一个工业企业和金融企业“双赢”的良好局面。除了对金融机构和工业企业外，该地区对其他相关配套产业的吸引力也会增强，有利于推进金融集聚中心的建设。

增加居民的可支配收入，刺激居民金融投资行为。首先，可支配收入的提升会提高储蓄率，而存款是金融集聚发展必不可少的金融资源。我国相对于发达国家，储蓄率仍较高，表现在我国较高的恩格尔系数，反映出我国人民的储蓄意愿较强，但社会整体的投资需求较小，这很大限度地制约了金融业的发展；为应对这种情况，各个区域、省市应积极发展地方经济，增加居民的可支配收入，刺激居民的投资，以带动金融业的发展，反过来金融发挥对经济的促进作用。因此，加快城市经济建设，保障居民可支配收入，可以促进金融集聚形式向高级别发展。刺激居民的投资意识，是居民把剩余资金投资金融市场。因此，要建立健全金融市场，增加金融机构的衍生品，根据区域居民的投资特点，创新金融产品，增加地方金融资源促进经济增长，这样也保证了居民可支配收入的提升。通过上述的策略，可以使金融市场中主体：企业、居民、金融机构三者之间建立良性的资金循环，推动区域金融集聚中心的建设。

金融信息平台的建设，区域内信息自由流动，区域内金融信息的共享以及对区外的溢出效应。信息基础建设对金融集聚中心的建设非常重要，为金融交易提供了全面准确的信息保障，增强了区域金融集聚中心的金融交易基础，使金融集聚中心的体系功能发挥更为顺畅。高效的信息化平台才是金融交易从成本最低、交易速度最快，以及最有效的获取金融信息的渠道。一方面，国家层面要建设覆盖全国的金融信息综合系统，例如，金融衍生品市场包括：货币、股票、期货等，采集实时和历史数据，同时应负责数据的分析，这样使得这些经济金融信号能有效快捷的从经济发达的金融集聚中心传递到欠发达的地区，最大限度地降低金融市场的信息比对称，同时将成本降到最低。另一方面，国际层面的信息流动。这需要开展国际的金融信息服务合作，双向地采集并发布及时数据，采用数据库联网等共享机制，将金融信息的价值最大化。但是在建设的过程中，要重视信息的安全保密性，尽量避免信息的外溢给企业和部门带来损失。

增强金融产业规模，加强规模经济效应。要发挥金融的规模效应金融产业的活动、金融交易和金融资源的数量都必须达到必要的额度，只有金融产业发展到该规模，才能发挥其区域金融规模效应。金融机构是趋向集聚选址的，这一点决定并影响金融集聚中心的形成与建设，金融机构的主要金融活动就是集聚或者扩散资金。金融机构有大量的要素需求，如金融良好的地缘条件、便利的公共基础设施、丰富的政策倾以及与企业之间的联动等，金融机构在选址时总是自发朝向各种要素的集聚区，有利于形成及扩大金融产业。在我国，政策上的宽松使金融机构逐步开放合作。在法律法规的体系范围内，以银行业、证券业以及保险业为我国的金融体系的核心，通过扩大金融产业规模，提升金融规模效应，进而提高金融交易效率，促进了金融产业的集聚。金融创新能力保证了金融集聚中心的可持续发展。金融创新使得区域金融市场保持活力。金融创新需要科研投入，金融技术的创新是在信息技术的基础上发展的，创新是金融发展的动力之一。当前，随着科学的发展尤其是信息技术的飞跃，金融业的技术手段得到了丰富，结合原有传统业务的特点，发挥技术优势，创新金融产品，建立银、证、保三个市场的合作机制，创新提供能降低市场风险的衍生品，加快资金流动。此外，金融创新可以提升金融企业效率、降低金融运营成本，进而增强区域金融产业的整体竞争力。

四、完善金融机构

以国家深化金融改革、放宽机构准入限制为契机，发展壮大法人机构，做优做强已有机构，创新发展新型机构，形成与区域性金融中心和振兴龙头城市相适应的金融机构体系，更好地发挥金融机构在区域金融创新建设中的主体作用。推进地方金融总部完善法人治理、增资扩股、引进战略投资、加快异地布局、多元化发展、争取公开发行上市，运用市场手段做优做强，提升核心竞争力和对外辐射影响力。银行在完成引进战略投资者基础上，完善公司治理，加快创新发展；农村商业银行加快独立 IT 系统上线运行，设立分支机构；信托开展业务创新，加快集团化发展；加快发展步伐和业务创新，提升行业位次；全面开展投行业务，不断拓展业务范围。

第一，提升金融总部发展水平。做优做强地方金融总部，创新设立法人机构。大力发展总部经济，鼓励各类资本发起设立金融机构，推进地方金融法人股权结构多元化。推动符合条件的民营企业发起设立民营银行。支持有实力的大型企业发起设立股份制商业银行、保险公司、资产管理公司等。支持法人金融机构和符合条件的装备制造企业发起设立金融租赁公司。探索设立金融控股集团（公司），整合金融资源，壮大地方金融实力。鼓励发展区域和功能总部，加快品种研发和业务推广，提升专业功能。支持进出口银行、出口信保等省行（公司）履行省级管理职权，引领和带动辖区机构整体发展。积极引进各类金融区域管理总部、功能总部，增强区域影响力。鼓励大型企业发展金融板块，向上下游企业延伸金融服务。

加快发展新兴金融业态。以全面深化金融改革创新为契机，借力金普新区创新试点和自贸金融政策，加快发展新兴金融业态。着力推动设立资产管理公司、金融租赁公司、消费金融公司、汽车金融公司等，丰富机构体系，填补市场空白。规范发展互联网金融，稳健推进网络借贷、众筹、第三方支付等互联网专业金融机构。鼓励发展融资租赁、商业保理、财富管理等新业态，推进机构体系多元化。

第二，促进金融机构提质增效。深化金融供给侧结构性改革。主动适应利率市场化改革，支持金融机构加快实施以非利息收入为导向的战略和业务转型，加快信贷资产证券化、表外业务创新和综合化经营进程，深化银行、证券、保险、基金、资产管理等合作，培育新的业务增长点。加强信贷政策与产业政策协调配合，促进工业稳增长、调结构、增效益。按照“去产能、去库存、去杠杆、降成本、补短板”的总体要求和“有保有压”的基本思路，积极改善金融供给，提升金融效率，支持和保障经济社会可持续发展。

加快新技术和普惠化应用。强化互联网思维，支持金融机构建立云计算平台，推动大数据在市场研究、产品开发、售后管理等方面的运用，提升金融服务的针对性和有效性。强化普惠意识，鼓励通过电话、网络等方式发展银行、证券、保险等业务，积极推广网络转账汇款、移动支付、跨境结算、小额信贷、现金管理、资产管理、供应链金融、基金和保险代销、信用卡还款等，积极发展贴近民生需求的理财、消费等金融服务，发展社区（村镇）金融超市，支持金融机构向社区、村镇延伸金融网点，提升金融便利化水平。

强化金融机构现代公司治理。引导金融机构形成科学规范、权责明确、相互协作、制衡有效的法人治理机制。适应市场发展和竞争需要，不断提升资本管理、风险管理和流程管理的规范化水平，完善内控机制，在创新发展的同时，积极防控经营风险，提升经营质量。不断更新经营管理观念，提高经营管理人员综合素质，创新经营模式，建立完善管理制度，持续提升综合竞争力。推进金融机构党的建设和企业文化建设，培育积极向上的精神风貌和社会责任感，凝聚正能量。

第三，规范发展融资服务机构。提升小额贷款公司功能。坚持小额贷款公司服务中小企业、“三农”的市场定位，鼓励设立科技、航运、农村等专业小贷公司，推动特色发展。支持具备条件的小额贷款公司增资扩股，优化股权结构，提升资本实力和发展后劲，支持小额贷款公司中小板上市和“新三板”“四板”挂牌，利用资本市场规范发展、做大做强。推进小额贷款公司与银行、保险、基金等合作，创新服务产品和模式。推动小额贷款公司进入人民银行征信查询系统，加强内控机制建设，提升经营质量和水平。探索小额贷款公司转制为民营银行。

规范发展融资担保机构。坚守融资担保主业，支持专注服务小微企业和“三农”、有实力的融资担保机构增资扩股、兼并重组、做精做强，引领行业发展。逐步做大政策性融资担保体系，推动市级担保公司增资扩股，培育发展一批政府出资为主、主业突出、经营规范、实力较强、信誉较好、影响力较大的政府性融资担保机构，成为服务小微企业和“三农”的主力军，支撑行业发展。推动设立再担保公司，研究设立担保专项资金，完善风险分担机制。加强银担合作，促进银行业、担保业与小微企业良性互动，推进合作规范发展。

鼓励发展融资租赁公司。引导和规范外资及各类社会资本进入融资租赁业，支持民间资本发起设立融资租赁公司，促进投资主体多元化。结合产业特色，鼓励发展船舶、装备制造、汽车、基础设施、节能环保和医疗设备等专业租赁机构。完善租赁设备登记制度，推动接入人民银行征信查询和登记系统，便利备案管理，推进内外资融资租赁公司协同发展。

有序发展金融中介机构。积极构建与金融市场发展相适应的专业服务和中介服务体系。支持与金融相关的会计审计、法律服务、资产评估、投资咨询、资信服务、资金、保险经纪、代理、公估等专业服务机构规范发展。鼓励发展金融数据处理、金融软件开发、客户服务等服务外包。支持金融专业服务机构创新经营模式和服务业态，开展多元化经营。鼓励有条件的金融专业服务机构向规模化、国际化发展。

五、创新金融治理

不断完善金融治理，将金融治理与风险防范纳入各区域“十四五”发展规划，列为地方中长期重点工作；主动有序扩大金融业开放，构建长效多元主体共赢模式，维护好金融稳定，形成政府政策约束框架；完善政府、企业、金融机构、监管机构共同参与、协作配合，维护有效竞争市场秩序。

第一，构建长效多元主体共赢模式。金融发展促进产业结构升级的运行主体涉及各区域政府、组成各产业在市场中运营的企业及各类金融机构。契约框架的建设已然成为区域协同视角下金融发展长效共赢的必要条件，在治理的过程中产生了动态的治理网络，而彼此之间既存在合作，也实现了制约和监督。多元主体参与治理模式是按照网络化治理理论描述，将政府、企业、金融机构等多元主体、各自拥有的资源通过优势互补等方式达成互利共赢的集体行动。政府目标包含经济、环境与社会的共同进步，其形成政策约束框架。企业运营过程中达到市场利润、规模和科技创新的目标，形成运行标准，达到市场的有效竞争运行秩序。金融机构通过资本要素流动效率、金融结构空间合理化及比例合理化达到运行效率目标。

第二，形成政府政策约束框架。政府治理作为纵向权力的主管者，掌握着政策的设计，而好的治理要求做到权力平行。由此可见，要想实现产业结构升级治理，政府必须摒弃中心主义的思想，转而做一个政策的制定者，同时肩负沟通多元主体的责任。适时地协调好政府与金融机构、企业的关系，可以帮助政府更好地实现主导的角色。政府要努力为企业与金融机构创造机会，并迅速向其他的治理主体实现信息资源的公开透明，以此促进企业和金融机构的进步，改变以前政府一手操办的制度，做到政府与企业、金融机构的合理沟通。政策框架包含着政府的环境目标、社会发展目标及经济目标，针对金融发展促进产业结构升级的机制形成有效的约束框架。

第三，维护有效竞争市场秩序。在金融机构促进产业升级过程中，运行的企业必须在有序的市场中通过竞争机制的作用，达到自身的利润与规模目标，同时维持着科技创新的动力，保证企业未来发展的活力。在产业结构升级中，把明晰的产权作为一个制度是产业结构升级的基础，同时以资源配置作为价格体系，把有序竞争作为结构特性的市场经济体系，所体现出来的一种和谐、有序、稳定的运行状态。金融机构促进产业升级，市场秩序性特指有序的投资行为，也就是说，投资者要遵循收益最大化的规则，以此来进行投、融资活动。并且，秉承着平等、自由、公正、透明的原则为市场参与者营造一个良好的环境，这样能够帮助资金流动到社会经济最合理的地方，最终能够解决利用市场炒作、信息垄断、幕后交易等行为侵害中小投资者的不良行为。

合理控制间接融资规模，优化金融中介内部结构，促进区域金融创新。加大资本市场建设力度，大力发展直接融资信贷规模的继续扩张不仅带来产能过剩、金融风险集聚、整体资金使用效率过低等问题，而且也不利于我国金融市场的发展和融资结构的优化，同时对中小型创新企业的发展还可能造成一定的负面效应。因此，可通过以下措施达到控制间接融资规模，优化金融中介内部结构的目标。

第一，构建最优金融结构。通过货币政策、加大融资担保力度等在总量上控制间接融资规模，同时，通过债转股、可交换债等金融工具，从需求端把实体企业的杠杆降下来。以利率市场化改革为契机，开发高附加值中间业务，为银行开拓新的利润增长点，从根本上改变银行依赖利差的收入结构，从而实现对以银行为主的金融中介结构调整。推进非银行业金融中介机构专业化规范发展。继续推动信托、保险、金融租赁公司、企业集团财务公司等机构的深化改革和合理定位，核心竞争力的培养，避免低层次的同质化恶性竞争。另外，应推进资本市场的发展，大力发展直接融资。具体内容包括：鼓励发展企业债券市场，加强政策引导，包括适度向民营企业和科创型企业倾斜、有针对性地降低企业债券发行对企业规模的要求，发展中小微企业债、“双创”企业债以及高收益企业债等。大力发展证券市场，通过降低证券市场的审批门槛，逐步实现注册制等手段，充分发挥市场对风险偏好较高的创新型项目的支持。同时，适当引导融资需求，充分支持符合经济发展方式转变方向的高科技企业、绿色产业、现代服务业等的融资需要。发展多层次股权投融资市场，包括加快建设全国中小企业股份转让系统，逐步规范地方区域性股权市场，发展券商柜台市场，开展多种柜台交易和业务等。同时，不同层次市场间应建立健全转板机制，改革完善并严格执行退市制度，推动形成有机联系的股票市场体系。

第二，丰富跨区域金融的支持载体。区域政府要及时搭建金融合作平台，推动银企对接，克服信息不对称的弊端。政府基于自身的职能，组建转移企业与承接地金融机构之间的信息枢纽，便于承接地金融机构及时捕获时效信息，有利于克服信息不对称的问题，有效引导信贷资金的投向。政府应积极加强政策的引领作用，采用贴息等补偿手段对转移企业的融资问题进行大力扶持。在信贷、利率和准入政策方面，要通过金融政策对产业升级的引领作用，适当向新兴产业进行倾斜。同时，在金融合作过程中，应该发挥互联网优势。互联网金融生态已经产生了四种基本的金融需求类型，如支付、融资、投资和风险管理。互联网金融以其独特的属性，可以解决区域合作中的贸易壁垒、行政壁垒和市场分割问题。在现代信息技术方面，上海具有很强的优势，因此，应该集中交易、物流、贸易等行业，为其建设有效的网络信息平台，鼓励跨境第三方支付机构与银行在跨区域互联网业务方面提供便捷、高效的支付方式；推进银行、支付机构加快产品创新，提高跨区域支付服务的方式和效率，借助跨区域电子商务在信息查询、追溯等方面的优点，帮助具有真实交易背景的跨境互联网交易提供线上支付结算和线上保险。

第三，加强地区信用体系建设。加强区域信用体系建设，可以提高区域居民的守信水平，提高全社会的信用供给，为金融创新的开展提供良好的信用环境。一些基于信用和信誉保证的金融创新产品便可以在区域内得到较大发展，提高区域金融创新的供给能力。因此，应该加快建设地区信用体系。区域信用环境是区域经济和金融创新能力的重要组成部分。区域信用环境与资本、技术和人力资本不同，它是一种不可流动的资源禀赋，无法从外部植入或者购买，而只能依靠自身的不断努力来培养。改善地区信用环境，建设信用体系应该从以下几个方面进行：一是要加强地方政府自身的信用建设，建立起有责任和守信用的政府形象。政府应按照市场经济的原则处理与金融机构和企业的关系，不能随意地干涉金融机构和企业日常经营活动，更加不能通过各种行政手段帮助企业逃废银行债务。二是要建立统一的企业信用信息系统和个人信用系统，实现各部门间的互通有无与资源共享，向社会信息使用部分提供完备、权威的信用信息查询服务。三是要加大力度打击逃废银行债务的行为。对于已经失信企业要给予公开的曝光，而且公安部门、工商行政管理部门、税收部门等国家机关部门应采取一致性的惩罚措施，极大地提高企业失信的经济与社会成本。四是建立个人信用制度。个人信用制度的基本内容是由自然人的身份证明和个人社会档案，个人社会保险、个人银行账户和收入来源、个人可支配的用于抵押的资产等信息组成的建立一个全社会共享的公正的个人资源网络，是防范信用风险的有效手段。五是加强信用教育和宣传，提高全社会自觉守信的意识。

六、加强风险防控

加强金融监管和风险防控，统筹监管力量，畅通信息渠道，坚持防控结合，严守不出现区域性、系统性风险底线。健全法律法规等支撑体系是保持乃至向更高水平发展的有力保障。市场经济从本质上说是法制经济，所有市场主体都应在法律规定的范围内活动，才能保证公平竞争。

第一，健全金融监管机制。支持金融监管机构完善监管手段，加强金融监管，建立政府部门和金融监管机构协调机制，形成良性互动、贴近市场、促进创新、信息共享、风险可控的综合监管体系，增强金融监管的系统性、连续性，保障金融业持续、健康、安全发展。贯彻落实国家有关中央和地方金融监管职责和风险处置责任界定，完善条块间监管工作协调机制，加快形成“中央为主、地方补充，规制统一、权责明晰，运转协调、安全高效”的金融监管和风险防范处置体制。强化金融监管联席会议机制，加强信息沟通与风险预判，实施全方位风险监测，着力防范股市、汇市、债市、楼市波动可能引发的社会不稳定风险。创新审批监管。在符合国家法律法规的前提下，根据地方政府金融发展实际，尽可能简化审批流程，创新监管方式，放宽前置审批，加强事中事后监管，推进金融市场健康有序发展。争取简化小额贷款公司、融资性担保公司监管层次。理顺地方金融管理关系，明确监管责任，强化监管力量。

第二，加强金融风险防控预警。积极推进大数据在金融风险分析和预测中的广泛应用，加强新形势、新技术条件下风险防控对策研究，推进防控预警前置。落实存款保险制度，开展压力测试，加强表外业务管理，创新风险缓释方法手段，防范流动性风险。加强资产质量管理，积极利用地方金融资产管理公司等平台创新不良资产处置模式，妥善处置不良资产。密切关注并规范发展互联网金融，依法严厉打击非法金融活动，坚决遏制非法集资蔓延势头，保护金融消费者合法权益。严格落实突发事件和重大事项报告制度。加强同业协作，维护金融业的整体稳定。加强行业自律。充分发挥金融发展促进会、银行业、保险业、证券业、期货业、上市公司、担保公司、小额贷款公司、股权投资、私募基金、交易商等行业协会组织的作用，加强行业自律，搭建各行业协会金融市场信息发布、金融同业交流的平台或机制，促使区域金融同业互通有无、交流创新，形成互利共赢的团结协作整体，规范市场行为，保护金融消费者合法权益。加强行业服务，依法维权，防控风险，促进行业健康发展。

第三，培育金融风险评估机构，率先掌控“新金融话语权”。在现代金融中，谁掌握了金融风险评估权，谁就掌握了金融话语权。现有的风险评估体系以实物资产为基础，不适用于具有极大潜在生产力的科技产业，而且科技成果、科技企业的评级在专业性方面要求更高，所以要充分利用现有的创新科技金融评估模式，发展新型科技金融评估机构，打造专业型科技金融评级体系是金融创新与科技创新耦合发展的重要组成部分。在科技金融专业评估机构的发展中，首先，要减少政府和金融监管部门的干预，保持评估机构的独立性和公信度；其次，要规范市场监管，切实保证科技金融评级机构具有相应的专业资质和独立性；再次，要对评级的付费模式进行创新，探索由行业协会出资建立、由投资者付费的信用评级机制；最后，在股权安排和营运中都要注意保持评级机构的独立性，切断可能存在的利益关联。只有这样科技金融评估才能真正服务于科技金融的发展。

七、集聚创新人才

实施金融人才战略，坚持培养、引进和使用并举的方针，创造吸引人才、用好人才和培养人才的体制机制和良好环境。根据金融人才的特点，研究制订金融人才队伍建设规划和配套措施，建立金融人才储备库。鼓励开展有针对性的金融人才培养，通过学历教育、专业讲座、业务培训、国内外金融专家专题授课等多种形式，为金融从业人员提供继续深造的机会，提高金融人才队伍的专业素质。加强高校、科研院所与金融机构的合作，建立政府机关与金融机构互派干部双向交流机制，大力培养复合型、实用型金融人才。鼓励金融机构设立培训中心、实习基地。设立金融研究所，建立高端金融智库，组织国际金融论坛，编发金融刊物，多方式提供智力支持。

第一，高度重视金融人才队伍建设。金融活则经济活，金融兴则经济兴，在金融成为资源配置和宏观调控的重要工具，成为推动经济社会发展的重要力量的今天，金融人才队伍建设不仅对金融业发展至关重要，也对产业经济发展有着重大的影响。只有打造一支数量充足、结构合理、素质优良的金融人才队伍，才能更好地为其他产业发展提供优质的金融服务，推动地方经济发展。故各地区要充分认识金融人才队伍建设对金融业发展的重要作用，制订金融人才队伍建设目标。要牢固树立人人都可以成才的观念，为金融人才健康成长铺架桥梁，搭建舞台，充分调动金融人才的积极性和创造性。建立有效的薪酬机制和激励机制。进一步完善以经济效益、资产质量为核心的绩效考核指标体系，按照“效率优先，兼顾公平”的原则，建立能够体现金融人才个人收入与贡献、绩效挂钩的收入分配和奖励政策。建立健全人才激励机制，强化竞争机制。坚持党管人才原则，健全党委统一领导、组织部门牵头抓总、相关部门密切配合、社会力量广泛参与的金融人才工作格局。将金融人才队伍建设情况纳入地区人才工作总体规划。

第二，引进和培养金融高端人才。以创新、协调、绿色、开放、共享发展理念为引领，积极打造国内领先的金融人才发展环境，充分发挥财政投入引导作用，加大金融人才发展投入。宣传一批在金融创新创业方面作出杰出贡献的金融人才，营造尊重支持金融人才发展创新的浓厚氛围。充分发挥市场在金融人才资源配置中的决定性作用和更好发挥政府作用，各地区政府应出台金融高端人才相关奖励办法，对辖内金融机构引进的金融应用理论研究人才、金融高级经营管理人才、金融专业技术人才、金融骨干技能人才给予一定的奖励，优化金融人才队伍结构，进一步增强金融人才聚集效应和竞争实力，为建成与区域实体经济相适应、市场化水平较高的现代金融体系提供有力的人才保障。各金融机构人力资源部门要设计优秀人才所处的阶段的发展维度，将优秀人才选拔到中高层职位上；积极创造条件，为每个员工提供施展才华、实现自我价值的机会和场所，使金融人才队伍结构更趋于合理。

第三，开展多层次金融人才培养培训。搭建高品质的金融人才的服务平台。优化金融业人才的教育结构，提升区域金融业人才的教育水平。加强区域金融教育资源融合。金融机构要积极打造学习型企业。定制不同岗位、不同阶段的员工培训计划，要求所有金融人才每年都参加一定工作日的学习，并将此作为晋升和轮岗的一个重要依据，通过培训加快金融人才的知识更新，适应金融业发展的趋势，有针对性地选派部分中青年金融人才去深造培训，学习先进金融经营理念和做法，开阔金融人才视野，更新观念。加强区域金融人才的流动、优化和培训，提供更加流畅的人才流动机制，解决区域内部金融创新人才供需的不均衡的问题。个别地区金融人才相对匮乏之势，应采取各种措施吸引人才向其流动。加强对党政领导干部金融知识普及。金融是现代经济的血脉，资本市场是金融的高端，对一个地方来说，金融在整个经济发展中的作用日益凸显，加强对党政领导的金融知识培训尤其迫切。各级政府要将金融知识纳入领导干部教育培训重要内容，邀请部分金融类专家教授定期对分管或从事金融工作的领导干部进行金融知识专题培训，提升领导干部的金融知识水平，以便更好地为金融发展服务，突破金融创新发展中资金的制约。

参考文献

[1] 陈淑云，陶云清．“互联网+”、普惠金融与技术创新：影响机制及经验证据［J］．科技进步与对策，2019，36（04）：17-24.

[2] 程思励．基于相对位次法的商业银行金融创新能力评价研究［D］．安徽财经大学，2014.

[3] 大连市人民政府办公厅关于印发大连区域性金融中心建设规划（2016~2020年）的通知．http：//www. dl. gov. cn/gov/detail/file. vm？diid=101D05000160801211316081133.

[4] 董志勇，李成明，吴景峰．我国金融对外开放历程及其战略取向［J］．改革，2018（09）：15-26.

[5] 杜浩然，黄桂田．金融创新、资本市场与中国的货币需求——基于1993~2013年季度数据与Divisia货币总量的经验分析［J］．经济学动态，2016（2）：78-86.

[6] 韩军强．科技金融发展能够提高中国经济增长质量吗？——基于空间杜宾模型的实证研究［J］．科技管理研究，2019，39（14）：42-47.

[7] 黄建欢，吕海龙，王良健．金融发展影响区域绿色发展的机理——基于生态效率和空间计量的研究［J］．地理研究，2014，33（3）：532-545.

［8］黄鹏翔．金融集聚研究综述［J］．金融发展评论，2018（02）：67－79.

［9］黄宪，黄彤彤．论中国的“金融超发展”［J］．金融研究，2017（02）：26－41.

［10］贾俊生，伦晓波，林树．金融发展、微观企业创新产出与经济增长——基于上市公司专利视角的实证分析［J］．金融研究，2017（01）：99－113.

［11］贾占华，谷国锋．东北地区经济结构失衡水平评价及其对经济增长的影响研究——基于空间计量模型分析［J］．地理科学，2019，39（04）：636－643.

［12］姜道奎，于梦晓，于涛．基于状态空间法的金融创新产品质量评价研究［J］．金融理论与实践，2018（01）：74－80.

［13］蒋瑞波，蒋岳祥．区域金融创新与区域经济发展的实证研究［J］．浙江学刊，2012（05）：157－162.

［14］蒋瑞波．中国区域金融创新研究：效率差异、环境影响与空间效应［D］．浙江大学，2014.

［15］蒋天颖，华明浩，张一青．县域经济差异总体特征与空间格局演化研究——以浙江为实证［J］．经济地理，2014，34（01）：35－41.

［16］蒋天颖，张超，孙平，蒋雄飞．浙江省县域金融创新空间分异及驱动因素［J］．经济地理，2019，39（04）：146－154.

［17］蒋天颖．浙江省区域创新产出空间分异特征及成因［J］．地理研究，2014，33（10）：1825－1836.

［18］蒋岳祥，蒋瑞波．区域金融创新的空间外部效应：

金融竞争与金融集聚［J］. 社会科学战线，2014（3）.

［19］蒋岳祥，蒋瑞波. 区域金融创新：效率评价、环境影响与差异分析［J］. 浙江大学学报（人文社会科学版），2013，43（04）：52－65.

［20］李芳. 我国金融创新的现状及对策［J］. 宏观经济管理，2015（06）：42－43，49.

［21］李福祥，刘琪琦. 我国地区金融发展水平综合评价研究——基于面板数据的因子分析和topsis实证研究［J］. 工业技术经济，2016，35（03）：152－160.

［22］李健，林文浩. 中国金融创新结构的指数度量与影响因素［J］. 金融论坛，2017，22（04）：13－29.

［23］李永平，苟成娟. 区域金融创新水平的测度研究——以山东省为例［J］. 区域金融研究，2015（06）：18－22.

［24］李媛媛，金浩. 金融创新对产业结构优化的效应研究［J］. 财经问题研究，2016（09）：31－37.

［25］李媛媛，尚朝辉，金浩. 金融创新与房地产业动态耦合协调发展［J］. 经济与管理研究，2017，38（6）：35－43.

［26］李赟鹏，武毓涵. 资源型区域金融创新能力与转型关系的实证分析［J］. 经济问题，2015（4）.

［27］李正茂. 金融结构促进产业升级的机制研究：基于技术进步的视角［D］. 浙江工商大学，2018.

［28］刘辉，申玉铭，柳坤. 中国城市群金融服务业发展水平及空间格局［J］. 地理学报，2013，68（02）：186－198.

［29］刘梦坤，尹宗成. 金融创新效率的区域差异及影响

因素分析［J］. 上海商学院学报，2015，16（2）：85－92.

［30］刘秀光．金融创新环境、路径和内容的国际比较——金融创新的“西方模式”与“中国特色”［J］. 西南金融，2017（03）：21－25.

［31］刘亦文，丁李平，李毅，胡宗义．中国普惠金融发展水平测度与经济增长效应［J］. 中国软科学，2018（03）：36－46.

［32］龙冬平，李同昇，苗园园，于正松．中国农业现代化发展水平空间分异及类型［J］. 地理学报，2014，69（02）：213－226.

［33］陆菁，陈飞．金融创新对我国高技术产业出口复杂度的影响分析［J］. 国际经贸探索，2015，31（05）：47－61.

［34］吕喜明．互联网金融冲击下的A股上市银行创新能力评价研究——基于面板数据广义DEA模型［J］. 会计与经济研究，2016（5）：96－114.

［35］马婧宁．国内上市商业银行金融创新能力评价研究［D］. 东北师范大学，2015.

［36］彭定贇，王玲玲．金融创新对收入差距的调节效应检验［J］. 财会月刊，2017（18）：110－114.

［37］彭继增，方仙美．金融创新、消费需求与产业结构优化升级［J］. 求索，2016（6）：115－120.

［38］彭绪庶．新金融企业的创新特征、影响因素及未来趋势［J］. 深圳大学学报（人文社会科学版），2019，36（03）：71－79.

［39］任碧云，连东青．国内系统重要性银行识别及其监管——基于指标法和熵值法的分析［J］. 山西大学学报

(哲学社会科学版), 2018, 41 (02): 111-118.

[40] 茹乐峰, 苗长虹, 王海江. 我国中心城市金融集聚水平与空间格局研究 [J]. 经济地理, 2014, 34 (02): 58-66.

[41] 沈浩鹏. 京津冀协同视角下金融发展影响产业结构升级的机制与实证研究 [D]. 天津财经大学, 2018.

[42] 宋丹梅. 新疆区域金融创新能力评价与提升策略研究——与我国东、中、西部各地区比较 [D]. 新疆财经大学, 2016.

[43] 孙国茂. 金融创新的本质、特征与路径选择——基于资本市场的视角 [J]. 理论学刊, 2013 (06): 35-42, 127.

[44] 孙浦阳, 张蕊. 金融创新是促进还是阻碍了经济增长——基于技术进步视角的面板分析 [J]. 当代经济科学, 2012, 34 (03): 26-34, 125.

[45] 谭燕芝, 彭千芮. 普惠金融发展与贫困减缓: 直接影响与空间溢出效应 [J]. 当代财经, 2018 (03): 56-67.

[46] 唐松, 赖晓冰, 黄锐. 金融科技创新如何影响全要素生产率: 促进还是抑制? ——理论分析框架与区域实践 [J]. 中国软科学, 2019 (07): 134-144.

[47] 滕堂伟, 方文婷. 新长三角城市群创新空间格局演化与机理 [J]. 经济地理, 2017, 37 (04): 66-75.

[48] 田原, 陈炜. 金融创新系统结构模型及实证研究 [J]. 技术经济与管理研究, 2015 (04): 82-88.

[49] 童藤. 金融创新与科技创新的耦合研究 [D]. 武汉理工大学, 2013.

[50] 汪发元，郑军．科技创新、金融发展与实体经济增长——基于长江经济带的动态空间模型分析［J］．经济经纬，2019，36（04）：157－164.

[51] 汪涛，丁雪，杜根旺．国内外区域创新能力研究综述与未来展望［J］．技术经济，2014，33（09）：43－48.

[52] 王富喜，毛爱华，李赫龙，贾明璐．基于熵值法的山东省城镇化质量测度及空间差异分析［J］．地理科学，2013，33（11）：1323－1329.

[53] 王雷，赖玉霜．金融创新、资本配置与企业技术创新——来自战略性新兴产业上市公司的实证［J］．科技进步与对策，2017，34（10）：69－75.

[54] 王仁祥，白旻．金融集聚能够提升科技创新效率么？——来自中国的经验证据［J］．经济问题探索，2017（01）：139－148.

[55] 王仁祥，张晗，杨曼．科技创新与金融创新耦合系统脆弱性及政府干预［J］．科技进步与对策，2018，35（07）：1－8.

[56] 王淑娟，叶蜀君，解方圆．金融发展、金融创新与高新技术企业自主创新能力——基于中国省际面板数据的实证分析［J］．软科学，2018，32（03）：10－15.

[57] 王术芳．我国金融创新对经济增长的影响研究［D］．湖南大学，2016.

[58] 王晓慧．中国经济高质量发展研究［D］．吉林大学，2019.

[59] 王永钦，高鑫，袁志刚，杜巨澜．金融发展、资产泡沫与实体经济：一个文献综述［J］．金融研究，2016

(05): 191 - 206.

[60] 吴静. 区域金融创新能力对区域经济增长影响的研究 [D]. 哈尔滨工业大学, 2014.

[61] 谢家智, 王文涛. 金融发展的经济增长效率: 影响因素与传递机理 [J]. 财贸经济, 2013 (07): 59 - 67.

[62] 杨军, 张龙耀, 马倩倩, 黄馨谊. 县域普惠金融发展评价体系研究——基于江苏省52个县域数据 [J]. 农业经济问题, 2016, 37 (11): 24 - 31, 110.

[63] 叶莉, 张林, 陈立文. 金融改革实验区金融创新与监管动态响应机制研究——基于美国金融创新产品的衍生逻辑视角 [J]. 财经科学, 2012 (08): 20 - 29.

[64] 于成永. 金融发展与经济增长关系: 方向与结构差异——源自全球银行与股市的元分析证据 [J]. 南开经济研究, 2016 (01): 33 - 57.

[65] 曾妮妮, 永春芳, 汪晶晶, 辛冲冲. 中国金融发展的空间格局演变及驱动因素研究——基于地级及以上城市的分析 [J]. 金融发展研究, 2016 (10): 12 - 19.

[66] 张超, 蒋天颖. 基于ESDA的长三角区域金融创新空间特征分析 [J]. 湖北文理学院学报, 2018, 39 (11): 35 - 42.

[67] 张国俊, 周春山, 许学强. 广东省市际金融排斥度综合评价及空间格局演变 [J]. 地理科学, 2014, 34 (12): 1409 - 1417.

[68] 张国俊, 周春山, 许学强. 中国金融排斥的省际差异及影响因素 [J]. 地理研究, 2014, 33 (12): 2299 - 2311.

[69] 张晗. 政府干预对科技创新与金融创新耦合系统

脆弱性影响研究［D］. 武汉理工大学，2018.

［70］张浩然. 中国城市金融集聚的演进趋势与影响因素：区域异质性视角［J］. 广东财经大学学报，2016，31（03）：56－63.

［71］张津瑞，施国庆. 公共基础设施资本存量对区域经济增长的影响——以长江经济带为例［J］. 长江流域资源与环境，2019，28（07）：1552－1562.

［72］张同功，孙一君. 金融集聚与区域经济增长：基于副省级城市的比较研究［J］. 宏观经济研究，2018（01）：82－93，120.

［73］张文婷. 中国金融集聚区域差异及优化策略研究［D］. 辽宁大学，2019.

［74］章莳安. 基于主成分分析法的金融创新水平评价——以赣南等原中央苏区14县（市）为例［J］. 江西社会科学，2013（12）：80－85.

［75］赵茂. 我国金融发展对阶段性技术创新的作用机制研究［D］. 云南大学，2017.

［76］赵明元，向刚. 我国商业银行金融创新的影响因素述评［J］. 改革与战略，2011，27（07）：74－76.

［77］郑长娟，郝新蓉，程少锋，蒋天颖. 知识密集型服务业的空间关联性及其影响因素——以浙江省69个县市为例［J］. 经济地理，2017，37（03）：121－128，173.

［78］钟建权. 金融地理学视角下东北区域金融创新能力研究［D］. 哈尔滨工程大学，2011.

［79］周珂慧，甄峰，余洋，姜煜华. 中心城区金融服务业空间集聚过程与格局研究——以潍坊市奎文区为例

[J]. 人文地理，2010，25（06）：62－67.

[80] 朱尔茜. 基于因子分析的中国区域金融创新能力评价［J］. 武汉大学学报（哲学社会科学版），2013，66（03）：85－89.

[81] 朱培莹. 基于战略竞争力的我国商业银行金融创新力评价体系研究［D］. 江西师范大学，2015.

[82] 祝洪章. 黑龙江区域金融创新能力发展滞后原因探析［J］. 学术交流，2014（1）：112－116.

[83] Aboagye A. Q, Idun A. A. Financial Innovations and Economic Growth in Ghana: Evidence from Autoregressive Distributive Lags (ARDL) and Granger Causality Approaches [J]. Social Science Electronic Publishing, 2012.

[84] Alvarez F., Lippi F. Financial Innovation and the Transactions Demand for Cash [J]. Econometrica, 2010, 77 (2): 363－402.

[85] Ang J. B., Kumar S. Financial Development and Barriers to the Cross－Border Diffusion of Financial Innovation [J]. Journal of Banking & Finance, 2014, 39 (1): 43－56.

[86] Bernanke B. S. Regulation and Financial Innovation [J]. Speech, 2007.

[87] Bianchi J., Boz E., Mendoza E. G. Macroprudential Policy in a Fisherian Model of Financial Innovation [J]. Imf Economic Review, 2012, 60 (2): 223－269.

[88] Calomiris C. W. FINANCIAL INNOVATION, REGULATION, AND REFORM [J]. Cato Journal, 2013, 29 (1): 65－91.

[89] Corsi F., Marmi S., Lillo F. When Micro Prudence Increases Macro Risk: The Destabilizing Effects of Financial Innovation, Leverage, and Diversification [J]. Operations Research, 2016 (64): 1073 - 1088.

[90] Drebentsov V., Bergsman J., Broadman H. G. Finance and Growth: Schumpeter Might Be Right [J]. Social Science Electronic Publishing, 2016, 39 (2329): 401 - 419.

[91] Ductor L., Grechyna D. Financial Development, Real Sector, and Economic Growth [J]. International Review of Economics & Finance, 2015, 37: 393 - 405.

[92] Dunne J. P., Kasekende E. Financial Innovation and Money Demand: Evidence from Sub - Saharan Africa [J]. Working Papers, 2016.

[93] Dynan K. E., Elmendorf D. W., Sichel D. E. Can Financial Innovation Help to Explain the Reduced Volatility of Economic Activity? [J]. Journal of Monetary Economics, 2006, 53 (1): 123 - 150.

[94] Engelen E., Erturk I., Froud J., et al. Reconceptualizing Financial Innovation: Frame, Conjuncture and Bricolage [J]. Economy & Society, 2010, 39 (1): 33 - 63.

[95] Frame W. S., White L. J. Empirical Studies of Financial Innovation: Lots of Talk, Little Action? [J]. Journal of Economic Literature, 2004, 42 (1): 116 - 144.

[96] Gennaioli N., Shleifer A., Vishny R. Neglected Risks, Financial Innovation, and Financial Fragility [J]. Journal of Financial Economics, 2012, 104 (3): 452 - 468.

[97] Gennaioli N., Shleifer A., Vishny R. W. Financial Innovation and Financial Fragility [J]. Social Science Electronic Publishing, 2010, 23 (3): 779 – 793.

[98] Haggard S., Webb S. B. What Do We Know about the Political Economy of Economic Policy Reform? [J]. World Bank Research Observer, 1993, 8 (2): 143 – 168.

[99] Henderson B. J., Pearsony N. D. The Dark Side of Financial Innovation [J]. Social Science Electronic Publishing, 2009, 317 (5846): 1888 – 1908.

[100] Hye Q. M. A. Financial Innovation and Demand for Money in Pakistan [J]. Social Science Electronic Publishing, 2009: 219 – 228.

[101] Jameel K., Karachi P., Hasan S. U. The Evolution of Financial Innovation and Challenges for Small and Medium Enterprises: A Case Study from South Asian Economies [J]. Research Journal of Finance & Accounting, 2018, 9 (3): 13 – 25.

[102] Jappelli T., Pagano M. Saving, Growth, and Liquidity Constraints. [J]. Quarterly Journal of Economics, 1994, 109 (1): 83 – 109.

[103] Kim T., Koo B., Park M. Role of financial regulation and innovation in the financial crisis [J]. Journal of Financial Stability, 2013, 9 (4): 662 – 672.

[104] Laeven L., Levine R., Michalopoulos S. Financial Innovation and Endogenous Growth [J]. Economics Working Papers, 2015, 24 (1): 1 – 24.

[105] Laeven L., Levine R., Michalopoulos S. Financial

Innovation and Endogenous Growth [J]. Social Science Electronic Publishing, 2015, 24 (1): 1-24.

[106] Lauretta E. The Hidden Soul of Financial Innovation: An Agent-Based Modelling of Home Mortgage Securitization and the Finance-Growth Nexus [J]. Economic Modelling, 2017, 68: 51-73.

[107] Lerner J. The New Financial Thing: The Origins of Financial Innovations [J]. Social Science Electronic Publishing, 2006, 79 (2): 223-255.

[108] Lerner J., Tufano P. The Consequences of Financial Innovation: A Counterfactual Research Agenda [J]. Nber Working Papers, 2011, 3 (1).

[109] Levine, Ross, Beck, et al. Financial Intermediation and Growth: Causality and Causes [J]. Journal of Monetary Economics, 2000, 46 (1): 31-77.

[110] Lumpkin S. A. Regulatory Issues Related to Financial Innovation [J]. Oecd Journal Financial Market Trends, 2009 (2): 14.

[111] Mannah-Blankson, Theresa and Franklin Belyne. "The Impact of Financial Innovation on the Demand for Money in Ghana." Bank of Ghana Working Paper (2004).

[112] Mazumder M. I., Ahmad N. Greed, Financial Innovation or Laxity of Regulation? [J]. Studies in Economics & Finance, 2013, 27 (2): 110-134.

[113] Merton R. C. FINANCIAL INNOVATION AND ECONOMIC PERFORMANCE [J]. Journal of Applied Corporate Fi-

nance, 2010, 4 (4): 12 - 22.

[114] Merton R. C. Financial Innovation and the Management and Regulation of Financial Institutions [J]. Nber Working Papers, 2000, 19 (3 - 4): 461 - 481.

[115] Pagano M. Financial Markets and Growth: An Overview [J]. European Economic Review, 1993, 37 (2 - 3): 613 - 622.

[116] Plosser C. I. Financial Econometrics, Financial Innovation, and Financial Stability [J]. Journal of Financial Econometrics, 2009, 7 (1): 3 - 11.

[117] Porta R. L. Legal Determinants of External Finance [J]. Crsp Working Papers, 1997, 52 (3): 1131 - 1150.

[118] Rajan R. G., Zingales L. The Great Reversals: The Politics of Financial Development in the Twentieth Century [J]. Journal of Financial Economics, 2003, 69 (1): 5 - 50.

[119] Ross S. A. Institutional Markets, Financial Marketing, and Financial Innovation [J]. Journal of Finance, 2012, 44 (3): 541 - 556.

[120] Sarma M. Index of Financial Inclusion [J]. Indian Council for Research on International Economic Relations New Delhi Working Papers, 2010.

[121] Tufano P. Chapter 6 - Financial Innovation [J]. Handbook of the Economics of Finance, 2003, 1 (03): 307 - 335.

[122] Xiong H., Payne D., Kinsella S. Peer Effects in the Diffusion of Innovations: Theory and Simulation [J]. Journal of Behavioral & Experimental Economics, 2016, 63: 1 - 13.